공룡시대의 종언

중소기업 경영 '빨리빨리' '제대로' 하자

지은이 : 김태웅 · 이한철

김태웅은 인디아나대학(경영학 석사)과 퍼듀대학(경영학 박사)에서 학위를 마친 후 성균관대학교(정교수)에 재직하면서, 빠른 기업만이 생존할 수 있는 정보 사회에서 국내 제조 기업이 시급히 갖추어야 할 자세를 전달하기 위해 이 책을 집필했다.

이한철은 성균관대학교에서 기계공학 학사와 경영학 박사학위를 마친 후, 성균관대학교에서 경영정보시스템 등을 강의하고 있다.

두 사람은 현재 기업 경쟁력 제고를 위해 무선정보통신기술 활용방안을 집중 연구하고 있다.

공룡시대의 종언 -중소기업 경영 '빨리빨리' '제대로' 하자-

1판 1쇄 발행 2001년 7월 10일
1판 2쇄 발행 2001년 10월 10일
지 은 이 | 김태웅 · 이한철
일러스트 | 박호정
펴 낸 이 | 심윤종
펴 낸 곳 | 성균관대학교 출판부
등록 | 1975년 5월 21일 제1-0217호
주소 | 110-745 서울특별시 종로구 명륜동 3가 53
대 표 전 화 | (02) 760-1252~4
팩 시 밀 리 | (02) 762-7452
Homepage | www7.skku.ac.kr/skkupress

ⓒ 2001, 김태웅 · 이한철

값 12,000원

ISBN 89-7986-273-3 13320

공룡시대의 종언

중소기업 경영 '빨리빨리' '제대로' 하자

성균관대학교 출판부
SKKUP

서 문

　기업의 경쟁력은 소비자가 원하는 좋은 품질의 제품이나 서비스를 얼마나 값싸고 신속히 공급할 수 있는가에 의해 결정된다. 그러므로 제품이나 서비스의 경쟁력이 있다는 것은 경쟁기업에 비해 품질이 뛰어나거나 가격이 싸거나 또는 아주 신속히 공급해 줄 수 있는 능력을 갖추고 있다는 것을 의미한다. 물론 경쟁기업이 만들어 낼 수 없는 제품이나 서비스를 공급할 수 있다면 그 외에 별다른 것은 생각할 필요도 없다.

　그러나 유사한 제품을 공급할 수 있는 경쟁업체가 존재하는 제조부문의 경쟁력은 품질, 스피드, 가격, 유연성의 네 가지 측면에서 생각해 볼 수 있다. 완벽한 품질, 6시그마(신뢰도 99.99966%, 백만 개중 3, 4개의 불량률, 3. 4PPM) 수준의 품질은 이제 당연한 목표이며 품질 없이는 경쟁력을 이야기 할 수 없다.

　제조부문의 또 하나의 목표인 시간단축, 즉 스피드는 제품이나 서비스의 공급에 소요되는 시간의 단축과 설계소요시간의 단축이라는 두 측면이 있다. 스피드, 다시 말해 리드타임의 단축은 단순히 일이 빨리 진행된다는 차원을 넘어선 전략적인 목표이다. 미국의 대규모 할인점 월마트의 공급업체들은 일주일에 2회 공급하도록 되어 있다. 경쟁업체들은 평균 2주일에 한번씩 공급받는다. 수요가 비슷하게 발생한다면, 월마트가 공급받는 1회 공급량은 경쟁업체의 25% 정도가 될 것이다. 매장의 공간면적이 같다면 월마트는 경쟁업체보다 4배나 다양한 상품을 진열할 수 있다. 뿐만 아니라 평균적으로 보유하는 재고도 경쟁업체의 4분의 1이다. 소비자들의 동선거리도 짧다. 돈이 안 벌릴 수가 없다. 리드타임의 단축은 이처럼 눈에 보이지는 않지만 엄청난 파급효과를 불러온다.

　리드타임이 단축되면 비용이 절감될 수밖에 없다. 소비자들에 대한 서비스도 한결 좋아진다. 그렇지만 리드타임을 단축한다고 해서 단순히 열심히 빨리 한다는 의미는 아니다. 일을 지혜롭게 한다는 뜻으로 받아들여야 한다. 그렇다고 기계나 설비를 필요 이상으로 가동시킨다는 말도 아니다. 작업효율성을 무조건 올릴 필요도 없다. 리드타임을 단축한다고 해서 정시 공급에 매달릴 필요도 없다. 소비자에게 신속히 공급한다고 해서 엄청난 양의 재고를 보유할 필요도 없다.

그렇다고 혁신적인 첨단 생산기술이 꼭 필요한 것도 아니다. 아직도 거의 대부분의 중소 제조기업들에게 ERP나 또는 이와 유사한 거대한 패키지는 그림의 떡이나 마찬가지이다. 이해할만한 능력도 없고 운영할 기술인력도 구하기 힘들다.

근본적인 사고의 대전환이 필요하다. 디지털 경제시대에 요구되는 2배, 3배, 10배의 스피드를 성취하기 위해서는 파격적인 새로운 시도가 필요하다. 정보의 흐름이 수백, 수천배 빨라졌다고 해서 재화나 서비스의 생산과 공급도 같은 속도로 빨라지고 있지는 않다. 디지털시대에 한계비용이 제로에 가깝다고 해서 자동차나 컴퓨터의 판매가격이 제로에 가까워질 수는 없다. 소프트웨어의 구입은 인터넷을 통해 실시간에 구입할 수 있고, 소프트웨어의 생산비용도 거의 제로에 가깝지만 이런 혜택을 입을 수 없는 품목이 훨씬 더 많다. 인터넷 시대에 걸맞는 스피드를 창출하기 위해서는 기존의 사고를 타파하고 혁신적인 새로운 경영이 요구된다.

이 책은 이런 생각에서 시간의 단축, 즉 리드타임의 단축을 위한 몇 가지 방법론을 제시하고 있다. 이 책에 담겨있는 내용은 구미와 일본의 여러 선진기업들이 적용하여 그 효과가 증명된 것들이 대부분이다. 내용이 우리 현실과 맞지 않는다고 비판할 수도 있다. 그러나 기본원리를 이해하면 문제를 보는 시각이 달라진다. 우리 스스로가 비판하는 우리의 나쁜 관행, '빨리빨리' 습성이 제조간접부문의 스피드 혁신에 반영되어 경쟁력 강화에 큰 도움이 되기를 바라는 마음으로 이 책을 정리하였다.

끝으로 자료검색을 도와준 IT경영연구센터의 김정식 연구원에게 감사드리며 특히 직접 삽화를 제작해준 박호정씨에게 감사드린다.

2001년 이른 봄
김태웅, 이한철

차 례

4. 제조현장의 리드타임 축소전략

빨리빨리전략의 구현을 위한 생산현장의 혁신

쉬 어 가 기

5. 린 생산체제의 구축 -적시생산의 확장-

쉬 어 가 기

6. 스피드 혁신을 위한 제조계획의 수립과 관리

7. 협력업체와의 관계 개선전략

8. 신제품개발의 리드타임 축소전략

9. 공급체인의 전략적 관리

쉬 어 가 기

10. 주문관리 프로세스의 리드타임 축소

쉬 어 가 기

11. 스피드 혁신전략의 구현 사례

1. 첫째 사례 - 산업용 포장기기 생산업체 A사

2. 둘째 사례 - 보일러 제조업체 C사

찾아보기

1. 패러다임 전환기의 제조업

스피드광인 우리나라

지난 99년 12월 어느 경제신문에 이런 기사가 난 적이 있었다. GE의 잭 웰치는 얼마 전 한국 강연에서 변혁시대에 기업의 변화를 이끄는 가장 확실한 방법은 스피드라고 말했다. 그리고 한국 사람처럼 혈통안에 속도감을 지니고 있는 민족은 별로 없다며 한국인의 속도감이 경제위기를 아시아의 다른 어느 나라 보다 빨리 극복하게 된 원인이라고 진단했다. 사실 우리는 빨리빨리병으로 인해 부실공사, 교통사고 등 온갖 문제를 안고 있다, 그러나 인터넷시대에는 오히려 잘 적응할 수 있는 능력인지도 모른다. 인터넷사업이 가능성이 있어 보이자 너도 나도 뛰어들어 매일 수많은 벤처기업이 생기고 노래방, DDR 댄스열풍이 금세 안방을 점령하는 나라가 아닌가?

> 똑같은 원자로를 짓는데 한국이 4년 걸린 반면 캐나다는 5년, 아르헨티나는 8년이 걸렸다.
>
> 뉴스위크지, 1999년 5월 12자 기사에서

무엇이든 간에 재미있고 좋으면 무조건 최우선으로 하고 본다. 그렇다고 해서 기업의 생산성끼지 그 속도에 정비례하여 선진국만큼 높은 수준은 또 아니다.

> 우리나라 근로자의 노동생산성은 80년의 노동생산성을 100으로 할 때 97년 현재 246으로 태국 241, 대만 220, 홍콩 191, 일본 143, 미국 122 등과 비교할 수 없을 정도로 증가율이 매우 높다. 그러나 노동생산성 그 자체는 미국의 절반도 채 되지 못했고 일본과 비교하더라도 66% 정도에 불과하다.
>
> 국제노동기구 발표에서(한국경제 1999년 9월 6일자 기사 참고)

노동생산성 증가율이 높다고 크게 자랑할 것도 없다. 30점을 받은 학생이 그 다음 번 시험에서 60점을 받았으면 증가율이 100%나 되지만 90점 받은 학생이 그 다음 번에 95점 받으면 증가율이 5% 남짓하다. 우리나라 노동생산성 증가율이 높은 이유는 심도깊은 분석을 하지 않더라도 그 이유는 명백하다.

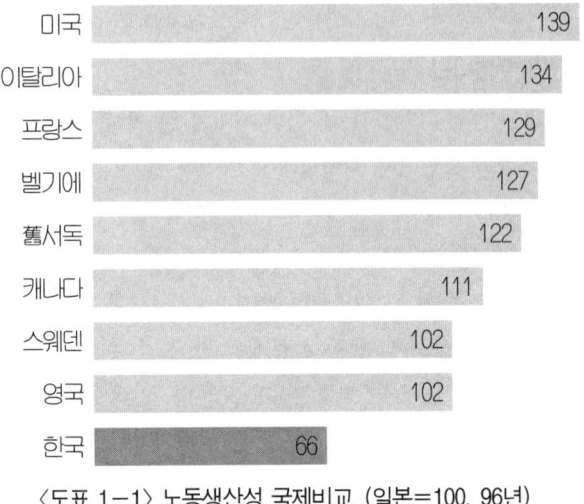

미국	139
이탈리아	134
프랑스	129
벨기에	127
舊서독	122
캐나다	111
스웨덴	102
영국	102
한국	66

〈도표 1-1〉 노동생산성 국제비교 (일본=100, 96년)

그렇게 빨리 하는 것을 즐기면서도 생산성이 낮은 것은 아직도 옛날 식으로 일을 하기 때문이다. 아직도 대량생산시대, 수요가 공급을 초과하던 시대, 경쟁무풍시대의 제조부문의 경영이 계속 이어져 기존의 경영방식에 별다른 이의를 제기하지 못하게 하고 있다. 제조현장에서부터 최고경영자에 이르기까지 경영방식의 전환을 시도하지는 않는다. 마치 옛날의 연금술사들이 지금 시대에 다시 태어나 연구소의 여러 실험설비를 보고 이를 이용하여 모든 가능한 혼합방법을 모색하는 것과 같다. 답이 없음에도 불구하고 여전히 이전의 아류를 포기하지 않는 것이다.

더구나 이제는 인터넷시대이다. 한번의 클릭으로 소비자들이 무엇이든 선택할 수 있다. 인터넷시대에 경쟁력의 핵심은 스피드이다. 특히 e-비즈니스의 개념이 현실화되면서 고객에의 신속한 대응은 경쟁전략의 기초가 되어 있다. 상식적으로도 제품과 서비스의 라이프 사이클이 짧아져가면서 누가 먼저 시장에 새로운 것을 소개하느냐는 기업 성패에 결정적인 요소가 되어 버렸다. 시장에 새로운 것을 경쟁업체보다 빨리 내놓을 수 없는 기업은 신제품 개발시마다 손해를 감수하는 것과 같다. 남보다 빨리 시장에 진입할 수 있는 능력이 있으면 늦게 시작하더라도 목표시점에 제 때에 도달할 수 있으며 그만큼 비용도 줄일 수 있다. 남과 같이 시작한다면 누구보다도 먼저 시장에 새로운 것을 내놓을 수 있다.

그렇다고 수많은 중소 제조기업들이 대기업들처럼 ERP(enterprise resource planning, 전사적 자원관리)나 또는 이와 유사한 거대한 패키지를 구입할 여력도 없다. 이해할만한 능력도 없고 운영할 기술인력도 구하기 힘들다. 정보통신, 소프트웨어 분야에서는 벤처기업이 하루밤에도 수십 개가 창업되지만 건설, 주택, 수송, 물류, 제조, 개인서비스 등 기존의 산업은 여전히 똑같은 서비스와 제품을 생산해야 한다. 일 처리의 긴박감은 한층 더해졌지만 일의 내용은 똑같다. 중소제조기업의 95%는 아직도 5년 전과 거의 유사한 것들을 생산해 낼 수 밖에 없다. 문제는 이런 일처리의 스피드를 어떻게 올리느냐에 있다.

매스 커스터마이제이션 시대의 도래

많은 미래학자들은 대량생산시대는 가고 유연생산시대를 거쳐 매스 커스토마이제이션(mass customization)시대로 향해가고 있다고 한다. 고객의 다양한 니즈를 충족시켜 주기 위해서는 신축성 있는 생산시스템을 통해 다품종소량생산을 유지해야 하며 궁극적으로는 생산품목의 가지수에 제한이 없는 매스 커스토마이제이션에 돌입하게 된다.

매스 커스토마이제이션이란 대량생산처럼 신속히 값싸게 만들지만 고객의 니즈를 철저히 반영한다는데 결정적인 차이가 있다. 물론 최단 시일내 공급하는 것은 기본이다. 가장 큰 특징은 소비자로부터 1대1로 주문을 받아 생산한다는 점이다. 소비자의 요구가 직접 반영되기 때문에 '다품종 소량생산'에서 한 단계 더 진보한 개념으로 평가할 수 있다.

매스 커스토마이제이션의 핵심수단은 인터넷 등 전산망이다. PC를 통해 소비자는 언제 어디서든 생산주문을 낸다. 또 자신이 원하는 제품을 생산할 수 있는지, 가격은 얼마나 되는지 등을 제조업체에 묻고 서로 상의할 수도 있다. 자신만의 개성을 강조하는 소비패턴의 변화와 첨단기술이 결합된 '디지털 경영방식'이라고 할 수 있다.

매스 커스토마이제이션의 대표선수는 미국의 델 컴퓨터이다. 이 회사는 인터넷으로 고객의 주문을 받아 소비자가 원하는 기능으로 제품을 구성해 공급한다. 고객이 특정한 기능을 원하면 부품업체에 이를 요구한 뒤 조립해 판매하는 방식이다. 델 컴퓨터는 매스 커스토마이제이션으로 두가지 측면에서 커다란 성과를 거뒀다. 첫째는 소비자 만족도를 100%까지 끌어올려 우수기업의 대명사격이 됐다는 점을 꼽을 수 있다. 둘째는 소비자의 직접주문방식으로 창고에 쌓아두는 재고물량이 없어졌다는 것을 들 수 있다.

청바지 메이커인 리바이스도 소비자 직접주문으로 재미를 보고 있다. 고객들이 이용하는 매장은 컴퓨터에 나타난 리바이스 홈페이지. 자신이 원하는 색이나 모양을 주문한다. 허리둘레, 키 등 신체조건을 제시하면 자신에게 꼭 맞는 청바지가 2주일 후에 배달된다.

매스 커스토마이제이션이 본격화되면 가격은 별 문제가 아니게 된다. 필요한 것은 신속히 구입할 수 있으므로 구매자의 입장에서는 재고를 필요 이상으로 보유해야 할 필요가 없으며 체계적인 구매활동을 위한 스케줄수립도 불필요하게 된다. 결과적으로 구매자의 입장에서는 간접부문에서 엄청난 절감을 기대할 수 있다. 조금 비싸게 구입하더라도 별 문제가 되지 않는다.

다양한 소비자의 요구에 부응하는 제품을 신축성 있게 생산하기 위해서는 소비자의 니드와 욕구를 정확히 파악할 수 있는 체계적인 방법을 갖추고 있어야 하는 것은 물론 이를 구체적인 제품으로 반영시킬 수 있는 제품설계와 생산프로세스가 제대로 뒷받침해 주어야 한다. 그렇다면 다품종 소량생산, 신축성 있는 생산체제, 변화에 신속히 대응할 수 있는 생산체제는 어떻게 구축할 수 있는가?

한정된 설비를 이용하면서도 제품의 가지수를 늘리고 생산수량을 필요에 따라 변동시키자면 우선 이같은 다양성을 소화시킬 수 있는 생산라인을 갖추고 있어야 한다. 소수의 품목만을 대량으로 생산할 수밖에 없는 생산설비를 갖추고 있어서는 다품목소량생산이란 극히 어렵다. 물론 무리를 하면 다양한 품목을 생산할 수는 있겠지만 품질의 저하, 생산원가의 상승, 빈번한 품목교체로 인한 생산성저하로 인해 아무런 실익이 없다. 그러나 전통적인 개별생산체제로도 유연생산이나 매스 커스토마이제이션에 적응할 수는 없다. 유연생산은 다양한 품목을 마치 대량생산하듯 고품질, 저가로 생산해 낼 수 있어야 한다. 기존의 체제로는 고품질은 가능하겠지만 원가, 신속성, 생산량의 신축성 측면에서는 뒤쳐질 수밖에 없다.

그러나 생산체제가 다품목소량생산을 소화시킬 수 있다 하더라도 유연생산으로 바로 연결되지는 않는다. 소비자는 제품의 생산에 소요되는 시간 그 자체에 대해서는 별 관심이 없다. 다만 원하는 제품을 인도 받는데 얼마나 시간이 걸리느냐 주관심사이다. 제품의 설계·생산·유통 등 전과정에 걸친 통합적인 관리를 통해 소비자의 요구를 제대로 그리고 신속히 반영할 수 있어야 한다.

디지털 시대와 스피드경영

소비자들의 다양성 추구는 디지털 경제시대에 접어들게 되면서 과거와는 비교할 수 없을 정도의 스피드 경영을 요구하게 되었다. 디지털 경제에서는 모든 경제행위가 컴퓨터와 인터넷과 같은 디지털 기술의 기반 위에서 이루어지며 사이버 공간상에서의 거래를 통해 기존의 경제개념을 엄청나게 뒤바꾸어 놓고 있다. 디지털 경제하에서는 초기투입비용은 높지만 실제 생산난세에서의 한계비용은 거의 무시할 만큼 낮아졌으며, 환경변화나 기술발전 그리고 고객요구의 변화도 이전에 비해 엄청나게 빠른 속도로 전개되고 있다.

기업경영에 있어서도 고객욕구에 신속하게 대응할 수 있는 능력이 경쟁력의 핵심으로 등장했으며 정보처리기술의 획기적인 발달로 고객과의 일대일 마케팅이 가능하게 되어 더욱 세분화된 시장과 고객에의 포커스가 요구되고 있다.

이처럼 새로운 정보기술의 출현은 기존의 경영스피드를 몇 배 더 높이도록 요구하고 있지만, 많은 경우 스피드경영 그 자체가 기업의 생존을 위한 도구로 쓰이곤 한다. 보스톤 컨설팅그룹의 연구에 의하면 소비자의 요구에 남보다 두배 빨리 대응할 수 있는 기업은 산업평균보다 5배 빨리 성장할 수 있으며 가격은 20% 이상 높이 부를 수 있으며 20% 이상의 생산성증가, 50% 이상의 재고감축, 그리고 간접비용은 30% 이상 절감할 수 있다고 한다. 대개 리드타임이 반으로 줄면 원가는 25% 절감된다고 한다. 이제는 점점 더 많은 기업들이 경영에 소요되는 시간을 줄여감에 따라 스피드 그 자체는 이제 경쟁우위를 위한 것이라기 보다는 생존 그 자체를 결정짓는 요소가 되어 버렸다.

또한 시간단축은 원가절감 전략에서는 얻을 수 없는 이익의 레버리지 효과를 제공해준다. 즉 불필요한 작업의 제거, 여러 작업의 통합 등을 거쳐 시간을 단축하게 되면 별다른 노력없이도 원가는 자연히 절감된다. 이전에는 주어진 일을 빨리 처리하기 위해서는 각자가 더 열심히, 더 빨리, 더 오래 일해야만 했다. 그러나 이런 방식으로 15%에서 20% 정도까지는 더 해낼 수 있지만 그 이상은 사람이나 기계의 능력으로 견디어내기 불가능하다.

디지털 경제시대에 요구되는 2배, 3배, 10배의 스피드를 성취하기 위해서는 파격적인 새로운 시도가 필요하다. 정보의 흐름이 수백, 수천배 빨라졌다고 해서 재화나 서비스의 생산과 공급도 같은 속도로 빨라지고 있지는 않다. 디지털시대에는 한계비용이 제로에 가깝다고 해서 자동차나 컴퓨터의 판매가격이 제로에 가까워질 수는 없다. 소프트웨어의 구입은 인터넷을 통해 실시간에 구입할 수 있고 소프트웨어의 생산비용도 거의 제로에 가깝지만 이런 혜택을 입을 수 없는 품목이 훨씬 더 많다. 인터넷시대에 걸맞는 스피드를 창출하기 위해서는 기존의 사고를 타파하고 혁신적인 새로운 경영이 요구된다.

스피드의 정의

기업 경영의 스피드는 리드타임(lead time)이 얼마나 긴 가에 의해 결정된다. 리드타임이란 일련의 상호 연결된 여러 일이나 작업들의 시작에서 종료까지의 소요시간을 말한다. 기업내에서의 리드타임은 대개 다음의 몇 가지로 구성된다.

- ● 신제품개발 리드타임
- ● 생산 리드타임
- ● 구매 리드타임
- ● 주문, 서비스 접수 및 처리 리드타임
- ● 공급(납품) 리드타임

신제품개발 리드타임이란 신제품개발을 시작한 시점에서부터 시장에 그 제품이나 서비스를 출시할 때까지의 소요시간을 의미하며 생산리드타임은 생산계획이 잡힌 시점에서부터 제품이 최종작업장을 통과할 때까지 걸리는 시간을 말한다. 구매리드타임은 구매요청을 신청했을 때부터 그 품목을 구매요청자마음대로 사용할 수 있을 때까지 걸리는 시간이다. 주문접수 및 처리 리드타임은 고객의 납품조건 문의에서부터 실제 계약에 이르기까지의 소요시간이다.

이렇게 보면 단순히 만드는 것을 빨리 할 수 있는 것만으로는 리드타임을 현격히 줄일 수 없다. 소비자가 제품을 받기 위해 기다리는 시간 중 실제 제조공정으로 인해 기다리는 시간은 40%가 안된다. 따라서 생산의 앞 단계인 신제품개발과 양산준비, 생산의 다음 단계인 유통 · 판매시스템내의 지연을 줄여야 한다. 지연의 감소는 곧 대응능력의 개선과 다양성향상으로 이어진다.

소비자의 관점에서 보면 중요한 것은 얼마나 빨리 공급받느냐에 있다. 제조공정이 빠르고 배달이 늦거나 제조과정은 더디지만 배달이 빠르거나 소비자는 상관하지 않는다. 총시간이 문제될 뿐 어디에서 지체되는가는 관심이 없나. 주문한 뒤 2주일만에 제품이 도착했을 때 제조과정에서 1주일이 걸렸는지 5일이 걸렸는지 상관하지 않는다. 제조과정에서 3일이 단축되더라도 유통과정에서 3일이 더 걸린다면 고객의 입장에서는 아무런 차이가 없다. 많은 기업들이 제조부문의 사이클시간을 단축하여 상당한 성과를 올리지만 엉성한 고객서비스로 인해 별다른 경쟁력개선효과를 보지 못하는 경우도 있다. 생산은 하루에 끝났지만 그 제품을 고객에게 전달하는데 10일이 걸릴 수 있다. 시간을 압축하기 위해서는 제품과 서비스를 고객에게 제공하는 과정에 영향을 주는 모든 분야에서 근본적인 혁신이 이루어져야 한다.

리드타임 절감의 전략적 의의

리드타임 축소전략이 제 자리를 잡으면 마케팅과 판매부서는 일이 너무도 쉬워진다. 고객의 리드타임도 줄어들고 신제품도 신속히 시장에 내놓을 수 있고 제품의 변경도 별 문제없이 이루어져 신속한 처리를 요구할 수 있게 된다. 재무부서는 재고가 줄어들어 자금이 묶여있는 시간이 단축된다. 가장 큰 혜택을 받는 이는 고객이다. 좋은 물건을 신속히 공급받을 수 있기 때문이다. 전체적으로 재고회전율은 높아지고 완제품재고는 거의 없다시피 하며, 생산성은 높아지고 공장의 소요공간도 줄어들어 임대료도 절감된다. 결국 간접비는 축소되며 원가는 현격히 떨어진다.

미국의 대규모 할인점 월마트의 공급업체들은 한주일에 2회 공급하도록 되어 있다. 경쟁업체들은 평균 2주일에 한번씩 공급받는다. 수요가 비슷하게 발생한다면, 월마트가 공급받는 1회 공급량은 경쟁업체의 25% 정도가 될 것이다. 매장의 공간면적이 같다면 월마트는 경쟁업체보다 4배나 다양한 상품을 진열할 수 있다. 그뿐 만아니라 평균적으로 보유하는 재고도 경쟁업체의 4분의 1이다. 소비자들의 동선거리도 짧다. 돈이 안 벌릴 수가 없다. 리드타임의 단축은 이처럼 눈에 보이지 않는, 그렇지만 엄청난 파급효과를 불러온다.

그뿐만 아니라 리드타임이 줄어들면 판매가격에 대한 프레미엄을 요구할 수 있으며 위험이 줄어든다. 똑같은 제품이라도 경쟁업체보다 신속히 납품하면 고객은 만족한다. 고객이 요구할 때마다 그들의 요구를 신속히 들어줄 수 있으면 구태여 다른 업체를 찾을 이유가 없다. 경우에 따라서는 정상적인 납기보다 훨씬 짧은 시간내에 납품을 요구하는 경우 가격을 올려 받을 수도 있다. 즉 프레미엄을 청구할 수도 있다. 가령, 값비싼 중요설비가 고장나 공장 전체의 가동이 거의 중단되다시피 할 때 이를 고치기 위한 부품생산의 요청이 좋은 예이다. 가령 2주의 리드타임을 필요로 하더라도 하루만에 만들어 줄 수도 있다. 리드타임이 축소되면서 얻는 효과를 정리하면 다음과 같다.

● 생산성증대 : 대응성(responsiveness)은 대략 재공품재고의 회전률로 추정할 수 있다. 즉 시간압축의 비율이 높으면 재공품재고의 회전률이 높아진다.

● 신속한 대응에 대한 프레미엄의 요구 : 경쟁업체에 비해 대응성 측면에서 우위에 있는 기업들은 프레미엄을 요구할 만한 위치에 있다. 이처럼 비싼 파트를 구입하는 기업들은 설사 마진이 낮더라도 제품의 회전률이 높아 프레미엄을 커버하고도 남는 이익을 기대할 수 있다.

● 위험의 감소 : 시간압축이 가능해지면 자연히 기업경영상의 위험이 상당히 감소한다. 신제품개발에 따른 위험은 개발시간이 길수록 위험이 증가한다.

〈그림 1-1〉 스피드를 기본으로 한 제조업 패러다임

신제품개발과정의 시간단축

가전제품과 같이 성숙기에 접어선 품목이나 고도의 엔지니어링 역량을 필요로 하는 주문형제품들은 제조공정상의 스피드만으로는 경쟁우위를 지켜나갈 수 없다. 치열한 경쟁은 제품의 수명주기를 줄이고 진부화를 가속시켜 경쟁우위는 고객이 원하는 새로운 제품을 신속히 개발·공급하는 기업쪽으로 기울게 된다. 휴렛패커드, 모토롤라, 노던텔레콤, GE, 혼다, 도요타, 소니와 같은 기업들은 신제품개발을 통해 새로운 테크놀러지의 상업화에 전력투구하는 초우량기업일 뿐만 아니라 적시생산시스템을 통해 고품질, 저가의 제품을 시의적절하게 생산해내는 기업이기도 하다. 즉 제조부문과 설계부문의 역량에 있어 최선두를 달리고 있다. 기존의 생산시스템을 적시생산의 원리를 통해 체질개선을 이룩한 기업들은 이제 이 원리를 신제품개발과 설계공정에 적용하고자 노력하고 있다.

Smith와 Reinertsen은 마켓시계(market clock)와 회사시계(company clock)라는 개념을 이용하여 신제품개발을 중요성을 강조하였다.

> 마켓시계란 충족시켜주지 못한 고객니즈가 발생했을 때부터 초침이 움직이는 시계이고 회사시계는 그 니즈를 인지하여 충족시키기 위한 첫 움직임을 시도했을 때부터 초침이 움직이는 시계라 정의하였다. 시간을 경쟁의 주요 축으로 삼는 기업일수록 이 두 시계의 시간차이를 줄이려는 노력을 더 많이 기울인다고 한다.
>
> Smith, P.G. and D.G. Reinertsen, *Developing Products in Half the Time*, Von Nostrand Reinhold, N.Y. 1991, p. 49.

경쟁회사보다 빨리 신제품을 개발하여 시장에 소개하면 당연히 시장에서의 독점적인 위치로 인해 경쟁기업이 따라 올 때까지 독점이익을 누릴 수 있다. 물론 가격도 높게 설정하여 개발비를 단기간내에 회수할 수 있다. 이와 함께 제품개발리드타임의 단축은 ⟨도표 1-2⟩에서와 같이 경쟁기업보다 늦게 개발에 착수했지만 거의 같은 시기에의 완제품 출시를 가능하게 해준다. 가령, 2년 정도 늦게 개발을 시작했다면 제품생산에 투입되는 자재, 기술, 설비가 모두 최고 2년 정도 앞선 것이 된다. 같은 제품을 더욱 우수한 설비와 기술로 생산이 가능하며 그만큼 짧은 시간내에 개발을 완료하면 개발에 따른 간접비도

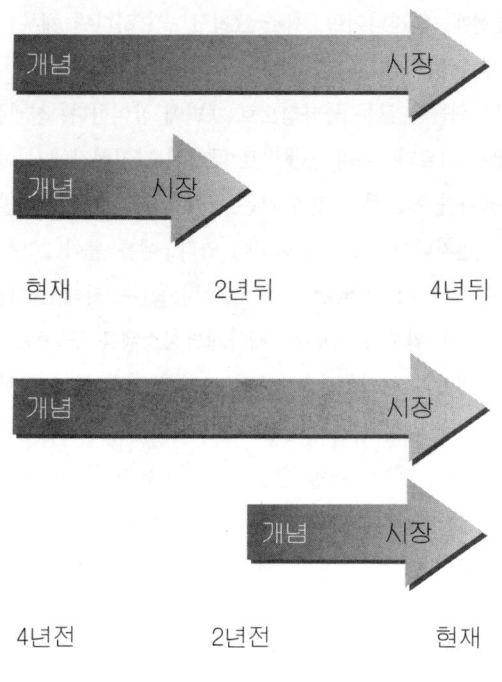

현재   2년뒤   4년뒤

4년전   2년전   현재

〈도표 1-2〉 신제품개발 리드타임의 축소의 전략적 효과

절감된다. 그뿐만 아니라 소비자의 수요와 욕구에 대한 예측도 최고 2년 정도 더 가까운 미래를 보고 하게 되어 예측의 오류도 줄어든다. 결과적으로 소비자 입장에서 보면 더 좋은 소비자의 요구를 더 잘 반영한 제품을 더 싸게 구입할 수 있게 된다.

신제품을 경쟁업체보다 신속히 개발하여 시장에 내놓을 수 있는 초우량기업들은 무엇인가 근본적으로 다른 점이 많다. 이들 기업들은 생산라인의 신축성과 대응성을 증진시키는데 적용하였던 원리들을 신제품설계와 양산설비 준비과정에도 적용하였다. 신속한 제품개발과 양산준비를 할 수 있는 능력을 갖춘 우량기업의 개발조직은 시장변화에 신속히 대응할 수 있는 공장조직과 유사점이 많다. 우선 '로트의 크기'를 보면 개발주기가 짧고 신제품 개발회수는 높다. 신제품개발의 신속성을 자랑하는 조직은 신축성 있는 공장조직과 같다. 신제품개발에 필요한 모든 인적자원을 한 곳에 모아 팀을 구성하도록 한다.

마케팅, 신제품설계, 엔지니어링, 제조 그리고 필요하다면 재무와 판매부서의 전문가까지 팀에 참여시킨다

물론 이들 구성원들은 모두 풀타임으로 개발에 참여한다. 신제품개발스케줄의 수립방법 역시 다르다. 마치 공정별로 구성된 작업현장에서 어느 공정까지 가공이 완료되었나를 체크하는 것과 같은 방식을 쓰기보다는 개발팀을 주축으로 한 컨커런트 엔지니어링이 일반화되어 있다. 예를 들어 20년 전부터 타임베이스전략에 주력한 P&G(Proctor & Gamble)社는 카테고리관리(Category Management)라는 팀위주의 새로운 제품개발시스템을 구축하였다. 카테고리 매니저는 신제품개발과 생산, 기존제품의 포지션 변경 등의 방향을 제시하는 팀의 코치가 된다. 하나의 팀은 브랜드 매니저, 제조, 판매, 재무부서의 매니저, 제조, 구매, 유통, 엔지니어링 활동을 조정·통합하는 제품공급 매니저로 구성된다. 제품공급 매니저는 또 팀의 시간 매니저역할을 하기도 한다.

근본적으로 신제품개발과 양산준비에 엄청난 시간과 비용을 들이는 기업들은 신제품을 시장에 내놓기 앞서 상당히 광범위한 시장조사를 필요로 할 수밖에 없다. 이에 반해 상대적으로 개발시간이 짧은 초우량기업들은 소위 마켓테스트를 통해 제품을 테스트하고 양산에 들어간다. 따라서 이러한 우량기업들은 상당한 위험을 감수할 수 있으며 이에 따라 혁신속도도 가속화된다. 개발주기의 단축은 경쟁의 주도권을 잡을 수 있는 절호의 기회이며 이전의 실패를 단 시간내에 만회할 수 있는 방법이다.

QFD, DFM, 컨커런트 엔지니어링과 같은 접근방법을 통해 제품설계의 시작에서부터 협력업체와 소비자, 그리고 조직내의 모든 부서를 참여시킴으로써 경쟁업체보다 신속히 신제품을 시장에 내놓을 수 있고 품질과 원가면에서도 엄청난 개선을 가져올 수 있다. 이런 새로운 경쟁전략은 기존의 시장세분화나 원가우위 전략보다 훨씬 더 효과적이고 지속적이다. 결과적으로 기업의 경쟁우위는 멋들어진 전략계획을 수립하는 것보다 남과 다른 운영방침을 정착시키는 데서 나온다.

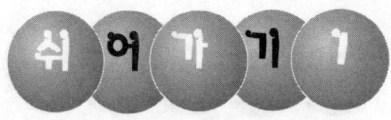

미 경제호황 바탕은 제조업

일본 정부와 민간기업들은 다가올 21세기에도 '전통산업인 제조업으로 승부한다'는 슬로건을 내걸고 밤낮없이 연구개발에 몰두한다. 오부치 총리는 정부 수반으로서 직접 마쓰시타, 후지쓰, 도시바, 히타치 등 일본 주요 제조업체 사장들을 만나 애로사항을 듣고 "정부가 함께 하겠다"는 구체적이고도 명확한 메시지를 전달했다.

이후 반도체 정보통신 바이오 등 첨단 제조산업에 대한 지원대책이 쏟아졌고 지원대책과 함께 민관합동사업이 잇따라 추진되고 있다. 현재 업계 구조조정으로 쏟아져 나오는 유휴인력을 벤처산업이 흡수 하도록 중기·벤처의 틀을 완화하는 중기기본법과 중소제조업 지원대책이 마련된 상태다. 한마디로 잃어버린 10년(90년대)을 되찾기 위해 정부와 업계가 팔을 걷어부치고 나선 셈이다.

특히 일본 정부는 개발연대에나 써먹던 민관합동 카드까지 꺼내들고 중소·벤처제조업을 축으로 한 첨단산업 지원에 나서고 있다. 기업들도 나름대로 외국자본을 끌여 들이는 등 경영혁신과 구조조정에 나서고 있다. 일본 정부(통산성)와 NEC, 도시바, 히타치, 소니 등 내노라 하는 10여 개 반도체업체들이 2001년부터 5개년 계획으로 차세대 반도체기술을 개발한다고 선언했다. 종합상사·철강·자동차·조선·화학·정유 등 기존 제조업체들은 과잉상태에 빠져 있는 '고용·설비·부채' 문제를 해결하기 위해 인수합병과 제휴, 그리고 자체 정보화에 박

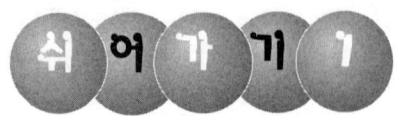

차를 가하고 있다.

미국의 무려 8년 11개월(107개월)째 지속되고 있는 미 경제 호황의 바탕에는 전통적인 제조업의 강세가 자리잡고 있다. 미국 제조업체들은 70~80년대 생사를 건 구조조정으로 세계 최고의 경쟁력을 회복했다. 제조업의 활력을 바탕으로 정보통신 산업의 발전이 가능했으며 이는 사상 유례없는 장기 호황으로 이어졌다.

미 구매관리자협회(NAPM)에 따르면 지난 1월 생산자지수가 56.3을 기록해 지난해 12월의 56.8보다 다소 낮게 나타났다고 밝혔다. 그러나 생산자 지수가 50이상이면 제조업 활동 확대를 의미하므로 이는 미국 제조업이 지난해에도 12개월 연속 확대됐음을 뜻한다. NAPM의 이날 발표는 현재 사람들의 관심이 확대 일로에 있는 기술·정보통신 분야에만 주로 쏠려 있는 상황이어서 언론의 조명은 크게 받지 못했다.

그러나 이는 미국 제조업의 현황과 발전 추세를 전해주고 있다는 점에서 상당한 의미를 지닌다. '신경제' 아래에서 제조업의 중요성을 다시 한번 확인시켜주는 통계 수치인 때문이다. 협회 조사 책임자인 노버트 오어는 국내 제조업 활동이 지난해에도 계속 확대된 것으로 조사됐다 면서 이는 오늘날 정보통신 혁명시대에도 제조업이 여전히 중요하다는 사실을 일깨워주며 제조업의 역할은 앞으로도 확대될 것 이라고 강조했다.

「매일경제」 2000년 2월 6일

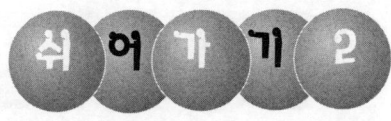

의류업계 QR바람 거세다

99년에 접어들면서 의류업계에 QR(Quick Response : 신속반응생산)붐이 일고 있다. QR는 시장변화에 따라 즉시 제품을 만드는 생산기법. 재고를 효율적으로 관리할 수 있지만 실제 도입한 업체는 적었다. 업무량이 늘고 협력업체의 반발도 상당하기 때문이었다. IMF사태는 QR의 걸림돌을 단번에 드러냈다. 효율을 높이려는 움직임이 활발해짐에 따라 QR도 각광받기 시작한 것이다.

관련업계에 따르면 올들어 제일모직, LG패션, 신원 등 선발의류업체들을 중심으로 QR를 적용하는 사례가 부쩍 늘고 있다. 제일모직은 올들어 원단 생산부터 의류 제조·판매까지의 전과정에 QR를 본격 채택했다. 이에 따라 과거 1백여일 걸리던 제품 생산기간을 30일 정도로 단축시켰다. 시장 반응에 따라 제품을 재빨리 생산할 수 있는 체제를 갖춰 재고량도 크게 줄였다. 내부부진에도 불구하고 올들어 지금까지 재고율을 지난해보다 17%포인트 가량 줄였다. 회사 관계자는 신속하게 대응함으로써 시장을 선도해 나갈수 있었다는 점도 큰 소득 이라고 말했다.

LG패션은 지난 4월초 닥스 면티셔츠 신상품(소비자가격 9만5천원)을 1천3백벌만 출시했다. 기존의 출시때보다 7백벌 적은 규모. QR 도입후 시장변화에 즉각 대응할 수 있다는 자신감에서 취해진 조치였다. 판매 열흘만에 40% 가량 팔려나가자 4월말부터 5월초에 1천벌을 추가 생산했다. 6월초에는 잘 팔린 사이즈 위주로 5백벌 더 만들기로 했다. 두차례 QR로 판매율을 85%까지 끌어올릴 수 있다는 예상이다. LG패션은 QR도입을 위해 협력업체와 포괄적 계약도 맺었다. 출시때 제작물량이 적은 만큼 다른 품목을 발주, 일거리를 보전해 준다는 것이다. 제품기획에서 발주 판매를 계속 관리, QR가 가능토록 내부 업무 체계도 바꿨다. 앞으로 전품목에 확대 적용한다는 게 LG패션의 계획이다.

신원은 수출부문에도 QR를 적용했다. 해외 바이어들의 요구를 충족시키기 위해서다. 미주지역 바이어들은 과거 발주에서 선적까지 2~3개월을 줬으나 최근엔 1개월 가량으로 단축했다. 재고부담을 지지 않겠다는 전략이다. 신원은 이에 따라 해외시장 수요를 미리 조사해 필요한 원부자재를 해외 현지공장에 보내 수주 즉시 생산에 들어가는 QR를 채택했다. 현재 미주물량은 과테말라에서 처리하고 있다. 의류업계 관계자는 IMF사태로 효율성은 의류업계에도 경영의 키워드가 됐다 며 재고감축이 가능한 QR는 더욱 확산될 것 이라고 전망했다.

▼〈도표　1－A〉 신속반응생산시스템의 구조

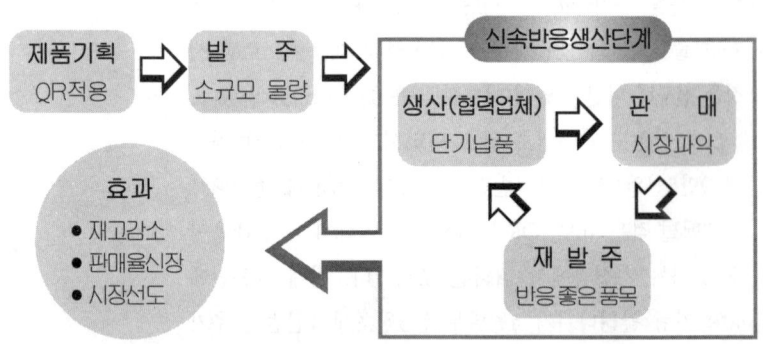

「한국경제」 1999년 6월 4일

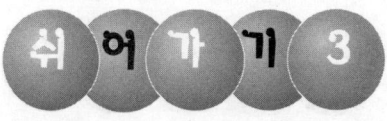

1999년 11월 동대문시장의 스피드전략

배경과 성공요인

서울의 동대문시장의 하루 유동인구는 20~30만명, 외국인도 하루 2천여명 정도 방문할 정도로 기존 재래시장과는 차별화된 개념으로 화려하게 부활하고 있다. 나산, 신원, 진도, 서광 등의 대형의류업체들은 부도나 워크아웃에 들어갔으나 동대문의 소규모 점포들은 참신한 패션, 적정품질, 저렴한 가격으로 소비층을 맹렬히 공략하고 있다. 동대문시장은 이제 외국상인의 필수 쇼핑코스로서 비공식적으로 연간 10억달러어치 수출을 담당하고 있으며 밀레오레, 두산타워 등이 신규관광명소로 부상하고 있다. 과거 젊은 층의 패션을 선도하던 신촌, 명동, 압구정 등의 중저가 상권의 성장이 둔화되면서 이제 동대문시장으로 주도권이 이동된 상태이다

동대문시장의 성공요인은 시장의류의 기획, 생산, 판매 네트워크를 구축하고 산업집적화(clustering)을 이룬 것을 들 수 있다. 즉 네트워크 구축을 통해 재래시상의 상점(중저가, 다점포 등)을 유지하면서 시장니즈의 변화를 신속히 파악하여 제품화한 것이 그 핵심 성공요인이다. 산업집적이란 일정 지역내에 위치하면서 특정분야에서의 탁월한 성공을 거두기에 충분한 회사군의 존재를 의미한다. 즉 지역에 기반을 둔 기업들의 생산성 향상을 통해 미래 생산성 향상의 토대가 되는 방향과 속도를 조정하

17

여 새로운 사업체 형성을 자극하여 공간이 확장되고 경쟁력이 강화된다는 것이다. 동대문시장에는 수만개의 소규모 점포, 직물 및 의류 부재재 관련업체, 국내 판매상이 산업집적을 이루어 세계유행의 신속한 수용, 제품기획과 생산주기 단축, 재고비용 최소화가 가능하다고 한다.

현재 동대문시장에는 다음과 같이 2개 상가, 27,000개 점포가 세계최대의 도소매시장을 구성하고 있다.

	상가수	점포수	주력제품
전통 재래시장	13	11,700	원부자재, 종합의류, 혼수, 가죽, 보세, 신발 가방
현대식 도매상권	10	7,800	숙녀복 중심
신흥 소매상권	3	7,300	프레야 － 캐주얼, 종합의류, 혼수 밀리오레, 두타 － 영캐주얼

▲〈도표 1－B〉
동대문시장의
점포현황

섬유, 의류, 패션에 관련된 모든 것외에도 부자재, 패션관련 악세서리, 가방, 신발 등을 원스톱으로 취급하고 있으며 하루 거래액이 100억원 초과한다. 일본에서도 방문이 급증하고 있는데 그 이유는 다음과 같다.

● 제품기획에 대한 부담과 위험 축소
● 다양한 상품구색 확보 가능
● 다품종소량 가능
● 다양성과 신속성
● 젊은 여성 위주의 패션 감각과 적절한 가격 포지션

동대문시장은 수많은 소기업들로 구성된 자기완결적인 기획·생산·판매 시스템을 구축하고 있다. 즉 시장내 점포들은 스스로 리스크를 부담하고 기획-생산-판매를 수행하는 독립형 기업으로 메이커가 위탁한 제품의 판매를 대행하는 기업형 메이커의 대리점과 차별화하고 있다. 시장내에 상주하는 점포주 혹은 고용 디자이너는 상품기획을 수행하여 시장 변화나 판매에 관련된 정보를 신속하게 입수 및 반영하고 있다. 각 점포가 독자적으로 기획한 제품은 시장내 또는 인근지역에 위치한 2만개 이상의 공장(자가 또는 협력업체)에서 생산하는데 원단에서부터 부자재, 라벨에 이르기까지 의류생산에 필요한 모든 것을 시장내에서 구입할 수 있어 신속하게 제품을 생산할 수 있다.

구조적 특성

패러다임 전환기의 제조업

1

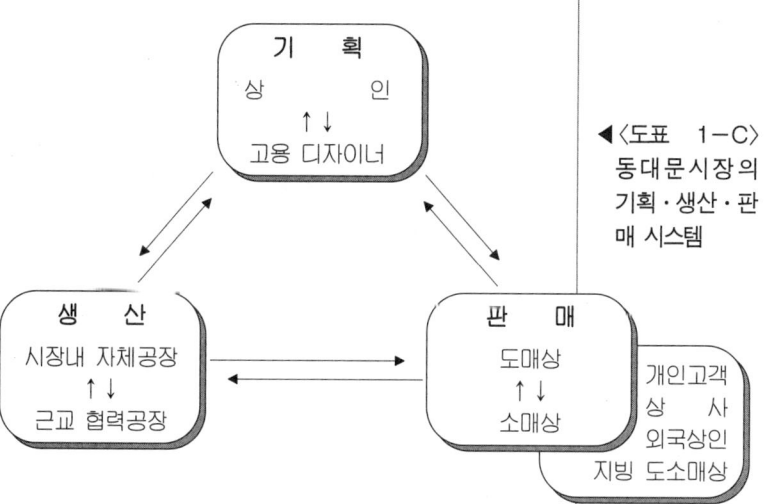

◀〈도표 1-C〉 동대문시장의 기획·생산·판매 시스템

동대문시장의 핵심기능 중 하나는 전국을 대상으로 하는 중앙 도매산지로서의 역할이다. 동대문시장은 남대문

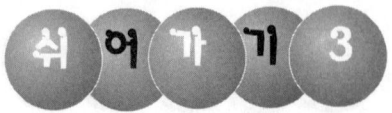

시장과 함께 전국 의류유통의 30%를 차지하고 있으며 경인지역은 물론, 부산, 제주도 등 전국 소매상들이 의류구입을 위해 동대문시장과 남대문시장을 방문한다. 한편 밀리오레, 두타에 인접한 상당수 소매점들은 동부 도매상가들의 분점이거나 아니면 그들로부터 제품을 공급받으며 도매시장은 도매와 소매를 8:2 정도로 병행하고 있다.

점포·공장 하나 하나가 독립적인 기업가

동대문시장은 소규모의 원자화된 점포 및 공장들이 치열한 생존경쟁을 치르면서 오늘날의 형태로 발전하였다. 재래시장 상인들은 치열한 경쟁을 통해 독자적인 생존원리와 성공전략을 터득하였으며, 독특한 경쟁과 협력의 룰이 상인들간에 형성되었고 외부 경쟁자(남대문시장 등)에 대항하기 위해 정보를 공유하고 공동으로 대응하고 있다.

저렴한 가격에 다양한 아이템을 갖춘 의류 집적지를 형성한 것이 성공에 결정적 기여를 하였으며 최대 규모 산지이면서 도매시장이어서 규모의 경제를 향유하고 있다. 결과적으로 다수의 소비자가 싼 가격에 대량으로 반복 구매함으로써 선순환이 발생하고 있으며 의류에 관련한 모든 제품을 구비한 집적지로 범위의 경제도 발생하여 소비자에게는 구매의 편의성을 제공하고 있다.

신속대응 체제

동대문시장은 효율적인 기획·생산·판매 네트워크를 구축하여 경쟁력을 확보한 동시에 QR(Quick Response : 신속대응 체제)를 실현한 것으로 유명하다. 즉 기획·생산·판매가 시장내에서 유기적으로 연결되어 있어 '네트워크의 경제'가 가능하며 다품종소량 생산체제를 갖춘 소규모 공장들이 기획과 판매를 중심으로 하는 상인과 직접 연계되어 있다. 결과적으로 시장내에 가치창출에 필요한 모든 기능이 자기완결형으로 집적되어 있어 소비자의 요구에 빠르게 대응하는 스피드의 경제를 달성하였다. 제품수명주기가 1주일 단위로 짧아지고 있는 상황에서 기업형 의류메이커가 대응하기 어려운 분야를 장악하였으며 대구·부산 등 지방 생산지·소비지와도 네트워크를 구축하고 있다.

디자인 측면에서도 기획·디자인력을 강화하여 독특한 패션을 창출하고 있다. 과거 동대문시장은 복제상품이 주류를 이루었으나 최근 기획력이 크게 강화되었고 독특한 패션을 창출하고 있다. 더구나 대형백화점이 신제품 기획에서 출시까지 보통 수개월이 걸리는 반면, 동대문시장은 자체 생산기반을 확보하고 점포마다 1주일에 평균 1~2개의 새로운 디자인을 선보이며 유행을 선도하고 있다. 어제 파리 패션쇼에 선보인 디자인이 오늘 동대문시장에 뜬다고까지 이야기한다. 동대문의 도소매상에 소속된 젊고 유능한 디자이너들은 외국 TV에 방영되는 패션쇼를 보고 기본 트렌드와 컨셉을 스케치한 후, 젊은층이 선호하는 디자인으로 변형시켜 TV방영후 2~3일이면 새로운 제품을 생산·출시할 수 있는 체제를 갖추고 세계 패션 흐름에 즉각 대응하고 있다. 이는 일본·대만 등의 도소매상들이 한국 재래시장을 찾는 주 요인중 하나이다.

◀이 내용은 다음의 연구논문을 참고하여 요약한 것임. 김양희, 구본관 (1999), "재래의류시장의 부활과 시사점," CEO Information (1999년 10월 22일), 삼성경제연구소.

2. 리드타임의 악순환 사이클

리드타임의 악순환

생산이든 제품개발이든 간에 리드타임이 길면 여러 가지 문제가 발생할 수밖에 없다. 소비자의 입장에서 보면 제품이나 서비스의 생산 및 공급에 소요되는 리드타임이 길면 주문도 리드타임에 맞추어 일찍 내야 한다. 리드타임이 길어질수록 먼 훗날의 것을 토대로 하여 예측을 한 후 그에 맞추어 주문수량을 결정하게 된다. 당연히 예측의 정확도가 떨어지므로 만일의 경우에 대비해서 주문량을 늘리거나 조금 더 서둘러 주문을 할 가능성이 높다.

공급자의 입장에서 보더라도 별로 득이 될 것이 없다. 개발하고 만드는데 시간이 많이 걸릴수록 소비자들이 더 일찍 주문을 내므로 그 긴 리드타임 동안여러 가지 예측불가능한 일들과 부딪히게 된다. 너무 일찍 주문을 낸 소비자가 더 좋은 거래업체를 만나 계약을 취소할 수도 있고 충분한 여유를 두고 주문을 받았음에도 불구하고 갑자기 밀어 부치는 임원의 요구로 엉뚱한 주문부터 먼저 처리하게 되어 납기에 대지 못할 수도 있다. 결과적으로 오래 기다린고객에게 제 때에 납품하지도 못하고 몇 개의 부적절한 주문으로 인해 전체적인 계획이 엉망이 되어버릴 수도 있다. 또 중간에 기계의 고장이나 사고 또는품질불량으로 인해 계획대로 진도가 나가지 않을 수도 있다. 결과적으로 일하다 말고 갑자기 엉뚱한 일부터 하게 되면서 생산성은 떨어지고 열심히 노력하여 수립한 계획도 아무 소용이 없게 되어 버린다. 고객의 입장에서는 격렬한항의를 하게 되고 영업담당자들은 어찌할 바를 모르는 형편에 처하고 만다. 그 뒤부터 영업하기가 더 어려워질 것은 당연하다. 그 뒤부터 소비자들은 더일찍 주문을 내게 될 것이다. 고객으로부터의 주문은 별다른 계획없이 작업장으로 돌려 생산에 들어가게 되면 결과적으로 재공품 재고와 작업장 내에서의대기 및 이동시간을 증가시켜 리드타임은 더 길어지는 악순환을 되풀이한다.

이번에는 소비자의 주문보다 재고로 보관한 뒤 판매하는 기업을 생각해보자. 리드타임이 길면 계획수립의 가이드역할을 하는 판매예측을 필요로 한다. 문제는 예측이란 근본적으로 틀린다는 데에 있다. 아무리 예측이 체계적이고 과학적이라 해도 대개는 틀린다. 리드타임이 길수록 예측의 정확도는 떨어지고 정확도가 떨어질수록 이를 대비한 완충장치를 필요로 하여 원가부담만 증가시킨다. 만약 리드타임이 무시할 만큼 짧다면 꼭 필요한 수요예측은 내일 판매량의 예측일 것이다.

제조기업의 운영전략과 리드타임 악순환유형

제조기업의 운영전략은 제품의 고객화(customization)의 정도와 서비스 수준에 따라 MTO(make-to-order) · ETO(Engineering-to-order), MTS(make-to-stock), ATO(assemble-to-order)의 세 유형으로 나눈다.

MTO란 대개 완제품재고를 가지고 있지 않으며 고객의 주문이 확정되어야만 생산에 들어가는 기업이다. 어떤 주문들은 제조과정에 있음에도 불구하고 엔지니어링 스펙이 확정되지 않은 경우도 있다. 이런 경우 생산이 진행되는 과정에서도 계속하여 고객의 주문변경에 대비하여야 한다. 다만 고객의 요구사항을 미리 정확히 예측하기 어렵기 때문에 제품을 주문한 고객은 상당시간 기다릴 것을 예상한다. 이 경우 생산계획은 고객의 주문을 구성하는 최종품목들의 수량으로 정의된다. 이 체제 하에서는 납기를 준수할 수 있도록 고객의 주문을 관리 · 통제하는 일이 주된 업무중 하나이다. 이 업무의 원활한 수행을 위해서는 엔지니어링 변경(engineering changes)이 최종 고객의 요구에 미치는 영향을 평가할 수 있어야 하며, 이를 위해서는 수요관리활동이 생산계획과 연계되어 있어야 한다.

ETO는 MTO에 포함되지만 설계측면을 더욱 강조하는 운영전략이다. ETO 기업은 고객이 원하는 제품과 사양의 설계, 상세한 엔지니어링 도면의 작성, 이 도면의 제조부서로의 전달로 이어지며 그리고 나서야 원자재 및 서브어셈

블리의 주문, 제조라우팅의 결정, 파트의 가공계획 및 최종완제품 조립계획이 수립된다.

MTS는 소비재를 생산하는 기업이 주로 이에 해당하며 고객의 수요에 신속히 대처하기 위해 상당량의 재고를 보유한다. 직접적인 고객주문은 거의 없으며 고객수요는 재고에서 충당된다. MTS 환경 하에서 수요관리는 고객에게 납기일을 약속하지는 않는다. 이미 완제품을 재고로 보유하고 재고에서 공급, 수요를 충족시킬 수 있기 때문이다. 만약 주문에 비해 재고가 충분하지 않으면 공급가능한 날짜를 가르쳐 주거나 공급가능한 분량(fill rate)을 제시할 수는 있다.

ATO는 자동차조립과 같이 다수의 기본적인 부품과 반제품을 조립하여 다양한 제품을 만드는 경우 최종품에 대한 생산계획을 수립하기보다는 엔진, 트랜스미션, 몸체 등과 같이 중요부품에 대해서만 생산계획을 작성하고, 최종작업과정인 자동차조립은 최종조립 스케줄을 통해 별도로 운영한다. 소비자의 제품요구시간은 생산에 필요한 총소요시간보다 훨씬 짧으므로 고객의 주문을 어느 정도 대비하여 생산에 임한다. 그러나 최종품목의 종류가 매우 많기 때문에 기본부품과 반제품에 대한 생산은 수요예측을 기초로 하지만 최종조립은 고객의 주문이 확정된 뒤에 시작한다. 고객이 선택한 사양에 대한 정확한 자료수집과 고객에게 약속한 납기의 확인과정이 매우 중요하다.

MTO에서의 리드타임 신드럼

고객으로부터 주문을 받으면 우선 주문자의 신용상태와 주문내역을 확정짓고 생산부문의 일정계획 부서로 그 내역을 보낸다. 일정계획부서에서 납기가 확정되면 다시 고객에게 그 날짜를 확정·통보한다. 주문의 진척과정을 알아보기 위해서는 마케팅부서에게 전화를 해야 하는데 마케팅부서는 다시 생산부서에 전화를 걸어 상황을 알아본다. 만약 납기를 지키지 못할 우려가 있어 고객이 주문을 취소하겠다고 위협하면 생산부서로 달려가 소위 새치기를 조장한다.

그래서 주문이 들어와야 생산에 임하는 기업은 각 공정마다 충분한 리드타임을 설정해 놓고 있다. 문제는 리드타임이 길수록 보다 먼 훗날까지 대비하여 계획을 세워야 한다는 것이다. 기계를 구입하든 또는 기술자를 고용하든 간에 실제 주문을 받기 한참 전에 계획을 세운다. 그러나 리드타임이 길어질수록 그런 계획의 정확성은 떨어진다. 즉 그대로 실제 수행할 가능성이 줄어든다는 것이다. 갑자기 기계가 고장날 수도 있고 부품업체의 부도가 발생할 수도 있으며 원자재 부족으로 계획상의 품목 대신 다른 것들을 생산할 수도 있다. 또 재작업으로 인해 스케줄이 늦어지거나 검사에서 떨어져 다시 가공과정을 거쳐야 할 수도 있다.

이런 여러 문제들 때문에 재고는 늘어난다. 첫째 계획적으로 안전재고를 높일 수 있다. 원자재, 부품 등의 안전재고를 늘려 불확실성에 대비하고자 할 것이다. 둘째, 계획의 변경으로 쓸데없는 재고가 생겨나며 계획대로 소모되지 않는 재고가 발생할 수도 있다. 원래 조립해야 할 품목에 필요한 부품이 부족하여 최종 조립에 들어가지 못한 부품재고가 상당량 쌓일 수 있다.

또한 갑자기 급박한 주문이 들어온다. 원래 리드타임이 4주인데 2주만에 처리해 달라는 긴박한 부탁이 들어오고 이것을 거절하기 힘들면 상황은 더 복잡해진다. 라인에 걸려있는 주문들을 다 끌어내리고 이 긴급주문을 처리하여 2주내에 완성한다. 덕분에 다른 주문들은 더욱 늦어지게 되고 재고는 더 많이 쌓이며 고객의 불만은 더해진다. 긴급주문을 처리하여 받은 대가가 다른 주문들의 지연으로 인한 손해를 보충해줄 수 있으리라는 보장은 없다.

다른 주문들의 납품이 늦어지면서 마케팅에서는 비상사태가 발생하게 된다. 납기를 지난 품목들은 쌓여가고 항의전화는 빗발치며 소문이 이상하게 나면서 새로운 주문은 점점 줄어든다. 그렇다고 제조부문이 놀고 있었던 것은 아니다. 낮밤으로 열심히 일하며 잔업도 하여 설비가동률은 98%를 넘나들며 1인당 생산성도 산업평균에 비해 매우 높아간다. 그런데도 납기를 맞추지 못하는 경우가 많아진다는 것은 리드타임이 너무 짧아서가 아닌가 하는 엉뚱한 생각이 든다. 그외에는 아무런 다른 원인을 찾아보기 힘들다. 예전에 비해 매출액이 너무 늘어나서가 아닌가 하는 생각으로 리드타임을 늘리기로 결정한다. 마케팅 담당자는 이런 결정에 대해 별로 달갑지는 않지만 별다른 좋은 대안을 생각하지 못하여 어쩔 수 없이 이를 받아들이게 된다. 제조부문이 너무나도 열심히 하고 있다는 증거가 있기 때문이다. 결국 일이 너무 많다는 결론을 내린다.

리드타임을 두배로 늘리면 처음에는 계획대로 일이 잘 풀려나간다. 그러나 점차 일이 쌓이면서 이전의 불규칙한 나쁜 관행들이 다시 쏟아져 들어온다. 납기를 못맞추는 품목들이 늘어나면서 또 다른 긴급한 회의를 요구한다. 아마도 리드타임이 이번에는 처음의 세배가 될 수도 있다.

결과적으로 리드타임이 길어지면 계획기간도 길어진다. 계획기간이 길어지면 예측의 정확성은 더욱 떨어지고 계획대로 일이 수행될 가능성도 줄어든다. 특히 계획기간이 길면 길수록 경영관리층이 긴급주문을 어디엔가 끼어 놓아 스케줄을 엉망으로 만들어 놓을 가능성도 더욱 높아진다. 그만큼 여유가 있다고 생각하여 불필요한 긴급주문을 더욱 많이 집어넣어도 된다고 생각하기 때문이다. 결국 2주가 12주가 되어버리고 만다.

MTS에서의 리드타임 신드럼

MTS에서는 리드타임이 MTO보다는 훨씬 짧으며 그 때문에 판매예측을 토대로 하여 생산계획을 수립한다. 가령, TV의 경우 원자재 및 부품의 주문에서 완제품의 조립에까지 걸리는 시간은 8주 이상이겠지만 소비자는 TV를 사기 위해 8주씩 기다리지는 않는다. 그러므로 생산계획은 예측을 토대로 할 수밖에 없다.

여기서도 리드타임이 길면 길수록 예측의 정확도는 떨어진다. 예측의 정확도가 떨어질수록 안전재고로 대비한다. 품목별로 예측의 정확성에 차이가 나기 때문에 재고량도 들쑥날쑥하며 시간이 흘러감에 따라 불용재고는 늘어만 간다. 경우에 따라 예측에는 포함되지 않은 품목에 대한 수요가 발생할 수도 있다. 이런 경우 이런 '긴급수요'를 수용하게 되면 예측을 토대로 한 생산스케줄이 뒤죽박죽 되면서 정상적인 리드타임내에는 생산을 못하게 된다. 8주만에 나와야 하는 제품이 11주에서 12주씩 걸리게 되면 수요예측도 아무 의미가 없게 된다. 피크수요를 예상했던 기간에는 물건을 대지 못하고 이제 수요가 식어가고 있는 기간에 피크타임용 품목들이 쏟아져 나오면 느는 것은 재고밖에 없다.

원인을 분석하기 위해 여러 부서가 모여도 제조부문은 열심히 일한 흔적밖에 없으며 결국 리드타임이 짧아서 충분한 미래를 고려하지 못했다는 엉뚱한 결론에 도달한다.

ETO에서의 리드타임 신드럼

이번에는 고객화(customization) 프로세스가 문제가 된다.

ETO의 경우 설계와 제조가 긴밀히 연결되어 있으므로 두 부서가 만나 구체적인 도면완성시점과 생산완료시점을 논의하여 계획을 수립한다. 물론 이 경우 생산능력, 현재 이미 수주한 품목들의 내역 등을 감안하지만 이 계획이 제대로 실행되는 경우는 많지 않다. 무엇보다도 첫 번째 단계인 엔지니어링 도면의 완성이 계획에 어긋나기 쉽기 때문이다. 언제나 누군가 높은 사람이 밀어부치는 소위 긴급한 주문이 어김없이 발생하기 때문이다. 여기에 고객 요구사항을 제대로 파악하지 못하여 뒤에 허둥되면서 시간을 끌거나 고객요구사항의 복잡성을 미리 인식 못하여 예상밖의 시간을 잡아먹는 경우가 발생하기 시작하면서 원래 수립해놓은 스케줄은 허물어져 간다. 결국 원래 예측했던 시점을 훨씬 지난 뒤에야 상세한 도면이 제조부서에 도착한다.

이미 스케줄상으로 뒤쳐져 있으므로 이 일은 긴급주문품목이 되어 이미 정해놓은 작업장의 스케줄을 무시하고 긴급 처리된다. 2주를 예상한 생산공정은 3일만에 해치우게 된다. 승전보를 올리지만 잃은 것이 너무 많다. 우선 재고는 엄청 쌓이게 된다. ETO기업이지만 일부 부품들은 밖에서 주문하여 사용하기도 하기 때문이다. 계획대로 입고된 부품들은 작업장에 쌓이고 납기는 지키지도 못하는 주문들이 늘어간다.

<그림 2-1> 리드타임 신드럼

리드타임 문제를 더욱 악화시키는 요소들

리드타임의 축소는 결코 쉬운 일이 아니다. 그런데 이런 골치아픈 문제를 더 악화시키는 다음과 같은 관행들이 아직도 광범위하게 퍼져 있다.

● 언제나 최소수량을 무조건 만들어야 한다. 제조현장에서는 로트의 크기 또는 경제적 생산량을 정해놓고 주문량이 이것에 미치지 못해도 최소수 량을 생산하도록 요구하는 경우가 많다. 생산성 향상과 기계가동률을 높이기 위한 조치인데 결과적으로는 재고를 늘리고 시간만 잡아먹는다.

● 생산준비시간을 절감하기 위해 앞으로 들어올 주문량을 감안하여 생산한 다. 여러 품목을 만들다 보면 기왕 설비와 기술자들을 준비시켰으면 나 중에 필요한 것까지 미리 만들어놓으려는 경향이 있다. 가령 8주 뒤에 잡혀있는 계획물량을 미리 당겨서 작업한다고 할 때 그러다가 이것이 취소되어버리면 쓸모없는 재고만 공장에 방치하는 격이 된다.

● 생산물과 처리해야 할 일이 충분하지 않을 때 기계나 기술자들을 놀리지 않기 위해 미리 생산하는 경우가 다반사이다. 나중에 판매하더라도 그동안의 재고비용, 보관비용, 자재비용 등을 감안하면 차라리 교육훈련을 받거나 현장의 개선에 시간을 투자하는 것이 바람직할 수 있다.

● 그러다 보니 같은 기능을 하는 설비나 기술자들을 함께 모아 놓은 기능별 조직을 선호한다. 자원을 모아서(pooling) 같이 사용함으로써 가동률을 높이고 안정적인 수요를 확보한다. 결과적으로 필요한 기계와 작업장 수를 줄이며 최소한의 투자만으로 운영할 수 있다. 서로 다른 품목이라도 유사한 부품을 필요로 하면 이들을 모아 한번에 생산준비를 하고 한꺼번에 생산을 마무리함으로써 생산성을 높이고 기계가동률도 높일 수 있다. 기능별로 사람을 고용하므로 하나의 기술만 알면 충분하고 같은 일만 하므로 훈련도 필요없고 금방 익숙해져 인건비도 줄일 수 있다.

● 노는 시간을 용납하지 않으므로 들어오는 일의 평균정도에 맞추어서 사람이나 설비를 준비한다. 수요의 높낮이가 있지만 이것의 중간 또는 평균에 대비해서 준비하므로 수요가 밀릴 때 쌓아둔 일들을 한가할 때 처리한다. 결국 전체적으로 여유시간을 줄인다.

그러나 이제 제품구조가 복잡해지고 거쳐가는 공정수가 많아지게 되면서 점점 더 긴 시간을 요하게 되고 그 거리도 만만치 않게 되었다. 사무실에서의 업무처리도 마찬가지다. 그러다 보니 누가 이것을 왜 필요로 하는지 고려하지 않고 그저 할 일을 충분히 쌓아두는 것에 초점을 둔다. 그러나 가령 5군데의 부서와 5군데의 작업장을 거치는 데 각각의 부서와 작업장에서 3일간 지체한다면 무려 30일간을 기다리는데 허비하고만 결과를 초래한다. 그렇다고 다른 부서를 탓할 수도 없고 이 일을 책임질 사람도 없다. 마케팅만 죽을 지경이다. 생산현장에서도 다양한 품목을 다목적 기계를 이용해 처리하다 보니 시간이 많이 지체되고 작업장간 거리도 멀므로 한번에 다 처리해서 이동한다. 그러다 보니 한번에 큰 덩치의 물량이 움직이고 대기시간은 더욱 길어진다.

대개 이런 일들은 오로지 원가절감에 눈이 어두운 기업들이 저지르기 쉽다. 코스트 최소화를 위해서는 유사한 기능을 하는 기계와 설비를 같은 장소에 묶어두는 기능별 조직체계와 저임금 기능공을 선호하게 되고 설비와 기술인력의 가동률을 극대화 하기 위해서는 한꺼번에 같은 품목을 대량으로 생산하도록 계획한다. 여러 작업장을 거쳐가는 동안 각 작업장에서의 기나긴 대기시간으로 인해 재고는 급증하고 불량률은 상승하며 새치기 하고자 하는 주문으로 인

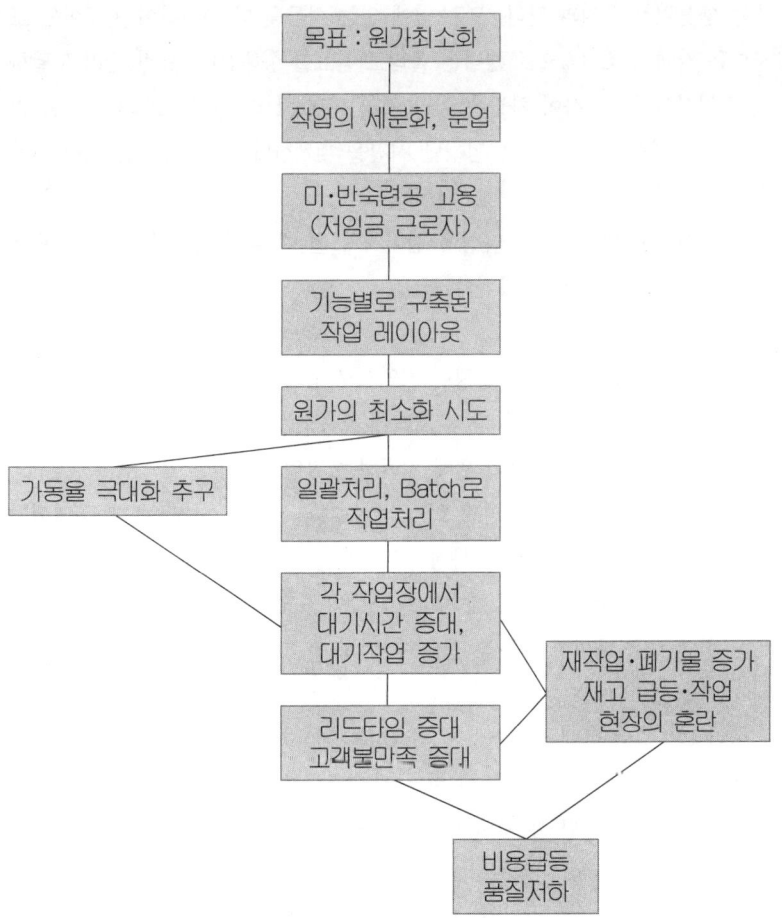

〈도표 2-1〉 코스트베이스 전략의 한계

(출처 : Suri, R. *Quick Response Manufacturing : a Companywide Approach to Reducing Leadtime*, Productivity Press, Portland, OR, 1998.)

해 당초의 계획과 효율성은 달성하기 어려운 목표가 되어버리고 만다. 결국 생산원가는 급증하며 재고는 쌓이고 납기는 제대로 지키지도 못하게 되어 고객만족은 다른 나라의 이야기가 되고 만다.

작업현장에서의 새치기는 그 이유가 무엇이든 간에(임원의 요구, 프레미엄이나 급행료 지급으로 인한 우선순위 변경 등) 상당한 혼란을 초래한다. 새치기는 앰블런스 운전과 같다. 모든 앞에 있는 차들을 다 추월하여 차도이든 보도이든 간에 무조건적으로 경적을 울리고 목표를 향해간다. 오직 빨리 도달하기 위해서이다. 그 사이 차들은 이리 저리 비켜주느라 많은 노력과 주의를 기울인다. 덕분에 모든 차들은 엄청난 시간을 지체한다. 이와 유사한 일이 현장에서도 일어난다.

이런 어려움 외에도 리드타임이 길어지게 될 때 발생하는 낭비적인 노력에는 다음과 같은 것들도 포함된다.

- 새치기한 작업 때문에 발생한 지연으로 인해 나머지 작업들의 일정 조정과 긴급한 작업들의 추적 및 처리에 소요되는 시간
- 지연된 일들을 처리하기 위해 지급하는 잔업비용
- 품질이나 납기문제로 인해 화가 난 고객을 달래고 사정하는데 투입되는 시간과 노력 (첫 번째는 사정함으로써 넘어가겠지만 두 번째는 더 어려울 것이고 이런 일들이 계속되면 나중에는 고객자체를 잃게 되거나 엄청난 노력을 해야만 주문을 받을 수 있게 될 것이다.)

이런 리드타임 문제를 해소하기 위해서는 기본적으로 리드타임이 왜 필요한가 이것들을 왜 없애지 못하는가 하는 시각에서 출발해야 한다. 그러기 위해서는 단순히 제조부문만 볼 것이 아니라 조직 전체 그리고 공급망 전체를 다 체크해야 한다. 또한 리드타임과 관련된 항목을 평가하고 있는지 여부도 확인해야 한다. 측정하지 않는 변수를 대상으로 한 혁신은 오래가지 못한다. 만약 고객서비스 측면에서의 리드타임이 중요하다면 당연히 측정대상이 되어야 한다.

신속대응으로 가격을 2.5배 더 받는 하이테크 교덴

"시간을 판다" 이 말을 비즈니스에서 철저히 실증하는 회사가 있다. 인천 남동공단에 있는 하이테크 교덴이다. 생산제품은 인쇄회로기판(PCB)이다. 휴대폰 단말기에서 컴퓨터 자동화기기에 이르기까지 안들어가는 데가 없는 전자 기본부품이다. 보통 여섯겹으로 돼있는 6층 PCB의 경우 제작 기간은 평균 7일이지만 하이테크 교덴은 단 이틀로 줄일 수 있다. 납기가 빠른 만큼 당연히 값은 올려 받는다. 정확히 2.5배씩이나 받는다.

값이 비싸지만 하이테크 교덴엔 주문서가 쌓여있다. 전자부품의 경우 납기가 중요하기 때문이다. 특히 최근 경쟁이 치열한 휴대폰 생산업계엔 더욱 그렇다. 휴대폰은 경쟁업체보다 새로운 모델을 한발 먼저 내는 것이 핵심 관건이다. 이를 위해서는 새 모델 개발때 필요한 PCB를 그때그때 빨리 납품 받아야 한다. 제품의 성패가 걸린 만큼 신제품 개발때 샘플용 PCB를 빨리만 만들어 준다면 '가격불문(不問)'인 게 사실. 하이테크 교덴은 바로 이 점을 노려 납기를 줄이는 데 승부를 걸었다.

전략은 적중했다. 지난 3년간 매출액 추이를 보면 알 수 있다. 지난 96년 32억원, 97년 67억원, 98년 132억원. IMF불황을 비웃기라도 하듯 매년 2배씩 불어난 매출은 하이테크 교덴의 성공을 반증한다. 이 회사는 올해도 매출이 작년의 2배인 262억원에 달할 것으로 예상하고 있다. 내년엔 또 그 2배인 480억원이 목표다. 하이테크 교덴은 실제로 같은 제품이라도 납기에 따라 5가지 가격을 매긴다. 예를 들어 6층 PCB는 표준납기(7일)에 납품하면 정상가격을 받는다. 그러나 특급으로 5일만에 생산하면 정상가격보다 33%를 더 받는다. 마찬가지로 초특급 (4일) 마하(3일) 미라클(2일)등 단계별로 납기를 줄이면 전단계보다 33%씩 가격을 올린다. 그래서 미라클 납기에 맞추면 가격은 정상가격의 2.4배가 된다. 다른 제품도 마찬가지로 납기에 따라 값을 올렸다 내렸다 한다.

이처럼 납기를 자유자재로 조절할 수 있는 것은 CIM (컴퓨터통합생산)시스템 덕분이다. 제품수주에서 설계·제조·출고에 이르기까지 모든 과정이 컴퓨터로 종합관리되는 시스템이다. 1분 1초의 오차도 없이 거의 동시적으로 생산과정이 관리되므로 납기를 획기적으로 줄일 수 있는 것이다. 게다가 지난 96년 투자를 유치한 일본 교덴그룹으로부터 지원받아 품질을 세계 수준으로 올린 것도 이 회사가 각광받는 이유중 하나다.

「한국경제」 1999년 8월 30일

'품질혁명' 성공사례

냉장고, 세탁기 등 백색가전제품을 생산하고 있는 LG전자 창원공장이 6시그마 메카로 떠오르고 있다. 이 공장에는 최근 6시그마를 도입하려는 LG계열사 및 대기업·중소기업관계자들의 발길이 끊임없이 이어지고 있다. 이 사업장이 6시그마 경영 활동을 통해 거두고 있는 성과와 개선 프로젝트 등을 벤치마킹하기 위해서다.

이 공장은 지난 96년 말 단위사업장으로는 국내 처음으로 6시그마를 도입했다. 97년 중에는 1백9개에 이르는 6시그마 개선 프로젝트를 수행했다. 98년에는 6백63개 프로젝트를 완료했다. 이를 통해 75%의 불량개선과 총 4백억원의 경영개선 효과를 얻었다. 올해엔 총 1천여건의 개선 프로젝트를 추진, 1천억원대의 개선효과를 기대하고 있다. 이 공장은 전체 경영품질수준을 2001년까지 6시그마로 끌어올릴 계획이다. 이 공장이 경영혁신에 성공함에 따라 LG전자는 지난해 말부터 국내외 전체공장으로 6시그마 운동을 확산하고 있다.

LG전자 창원공장에서 내세우는 개선 프로젝트 중 우수사례 하나는 조리기기 사업부의 긴급주문대응 프로젝트. 이 사업부의 이상지 과장(생산관리팀장)은 이 프로젝트를 수행한 뒤 해외 바이어들로부터 한달에 서너건의 감사편지를 받고 있다.

조리기기 사업부는 지난 98년 초 2주 정도의 짧은 기간 안에 처리를 요구하는 단납기 주문에 대응하는 프로젝트를 시작했다. 지금까지 긴급주문이 오면 통상적으로 4~5주가 걸리거나 주문을 소화하지 못하는 현실을 바꿔보자는 것이다. 긴급주문은 그동안 부품확보가 어렵고 기존 생산일정을 조정해야 하기 때문에 천덕꾸러기로 취급을 받아 왔다.

이상지 과장은 "요즘 중국이 싼 인건비를 앞세워 전자레인지에서 무섭게 치고 나오고 있어 새로운 경쟁력 요소를 갖출 필요가 있었다"고 말했다.

이 프로젝트를 시작하면서 조사한 결과 그동안 단납기 주문에 대한 대응률이 52%에 머물렀다. 이에 따라 주문자인 고객이 통계적으로 느끼는 불만의 정도가 87만PPM(87%)이나 되는 것으로 분석됐다. 이는 시그마수준으로 표시할 수도 없는 수치였다.

긴급주문을 소화하는 데 가장 큰 걸림돌(CTQ-고객불만을 일으키는 결정적 요소)은 '도입자재의 확보문제'(45%)와 '생산계획운영 및 편성'(33%)으로 나왔다. 미니탭이라는 6시그마 소프트웨어 분산분석 통계결과다.

이를 개선하기 위한 작업에 나섰다. GE 등 선진업체들의 사례를 벤치마킹하고 CD롬드라이브, PCB(인쇄회로기판) 등 다른 사업부의 대응사례를 집중 연구했다. 이를 통해 전자레인지에 들어가는 핵심부품인 마이콤칩 도입시간을 기존보다 50% 가량 줄였다. 협력업체와 컴퓨터 통신시스템을 갖춘 게 주효했다. 어떤 부품이든지 사용할 수 있도록 표준화·공용화를 추진했다. 또 주문체제를 기존 월간에서 주간 단위로 바꾸었다.

이러한 프로젝트를 진행한 결과 기존 4~5주가 걸리던 긴급 주문을 2주 내에 1백% 처리할 수 있었다. 2주내 대응은 세계적 수준. 1백만개의 서비스 중 3,4개의 불량을 의미하는 6시그마를 넘어섰다. 이후 주문물량이 더 늘어나는 효과가 발생했다.

지난해 9월 이 체제를 완료한 뒤부터 4개월 동안 70억원 정도의 추가 주문을 소화해냈다. 매출이 14% 정도 높아졌다. 시스템의 개선으로 수출 물량의 공장재고를 기존 12일에서 5일로 낮추는 성과도 얻었다. 재고부담이 크게 줄어든 것이다.

창원공장은 이처럼 업무부문뿐 아니라 제조공정·연구개발 등 전부문에 걸쳐 6시그마가 진행되고 있다. 세탁기용 핵심부품인 클러치 생산라인. 이 라인은 지난 96년 말부터 시작된 6시그마 개선 프로젝트들로 완벽하게 변신해 있다. 94년 94m에 이르던 생산라인 길이가 현재 55m로 절반 가까이 줄었다. 올해는 5m를 더 줄일 계획이다. 1인당 생산량도 97년 16.4대에서 지난해말 19.1대로 높아졌다. 올해 목표는 24.3대이나 4월 현재 25.3대로 목표를 초과했다. 이 라인의 책임자인 박행호 계장은 "6시그마는 프로젝트를 진행할수록 드러나는 성과가 기하급수적으로 높아진다"고 말했다.

클러치 생산부서는 고객이 제품을 사고 1년 내에 나타날 수 있는 불량률을 올해 1백50PPM으로 낮추고 내년엔 6시그마에 이르도록 할 계획. 클러치 생산부서는 6시그마의 성과로 이룬 품질을 앞세워 올 하반기부터 일본의 마쓰시타에 제품공급에 나선다. 마쓰시타는 80년대초 생

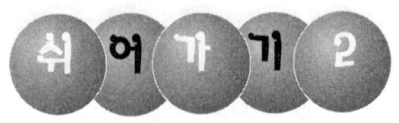

산기술을 LG에 이전했던 회사다.

창원공장의 6시그마는 연구개발부문에도 적용하고 있다는 것이 특징이다. 연구개발부문 6시그마는 이 공장이 모델로 삼은 GE를 능가한다고 자부할 정도다. 최경석 부장(품질기획팀장)은 "연구개발부문에서 6시그마를 도입함으로써 제조부문에서 생길 수 있는 불량을 원천적으로 막는 효과를 얻고 있다"고 소개했다. 이 공장은 지난해 9월 발표한 양문여닫이형 초대형냉장고인 '디오스'를 6시그마 프로젝트로 개발한 이래 현재는 전 모델의 개발에 6시그마를 적용하고 있다.

「한국경제」 1999년 6월 21일자

3. 스피드 혁신을 위한 조직의 초점화

고객중심의 초점화 전략

기업의 목표는 소비자가 높이 평가하는 제품과 서비스의 판매를 통해 기존의 고객들을 유지하고 새로운 고객을 끌어들이면서 이들에게 끊임없이 무엇인가 새로운 가치를 제공하는 데 있다. 따라서 제조부문 역시 단순히 무엇인가 만들어내는 조직으로 좁게 생각하기보다는 고객 만족을 이끌어내기 위해 존재하는 것이라 생각해야 한다. 고객에게 만족을 주지 못하는 것, 즉 고객에게 초점을 두지 않는 활동은 그 의도가 무엇이든 간에 모두 낭비로 취급되고 만다.

빨리빨리전략 하에서는 고객의 욕구와 니즈를 신속히 파악하고 충족시키는 것이 무엇보다도 중요하다. 이러한 목표를 달성하기 위한 전제조건은 고객중점주의에 토대를 둔 조직구조와 운영방식에 있다. 즉 다음 공정, 다음 부서가 바로 나의 고객이라는 생각이 조직 전체에 반영되어 있어야 한다. 설계부서의

〈그림 3-1〉 나의 고객은?

고객은 제조부문이며 제조부문의 고객은 판매, 판매부문의 고객은 최종소비자라고도 할 수 있다. 물건을 만들어내는 제조공정의 경우 한 작업장의 고객은 그 공정에서 가공한 것을 이용하여 부가가치를 창출하는 바로 옆에 있는 작업장이다. 이런 생각이 조직전체에 뿌리 박힌다면 각 부문간의 통합은 문제가 되질 않는다.

다음 공정이 나의 고객이라는 사고를 조직 전체에 확장시키기 가장 쉬운 방법은 조직내의 모든 자원을 제품이나 서비스가 만들어지는 방향에 맞추어 재조직하는 것이다. 즉 같은 일이나 작업을 하는 사람들끼리 한 부서를 만들어 기능의 분화와 전문화를 꾀하기보다는 제품이나 서비스를 창출해내는 프로세스를 중심으로 조직하는 것이 바람직하다.

초점화의 원리가 반영된 생산조직은 〈도표 3-1〉에서와 같이 규모별로 초점화 공장, 공장내의 공장, 생산현장차원의 셀 등으로 나누어 생각해 볼 수 있다.

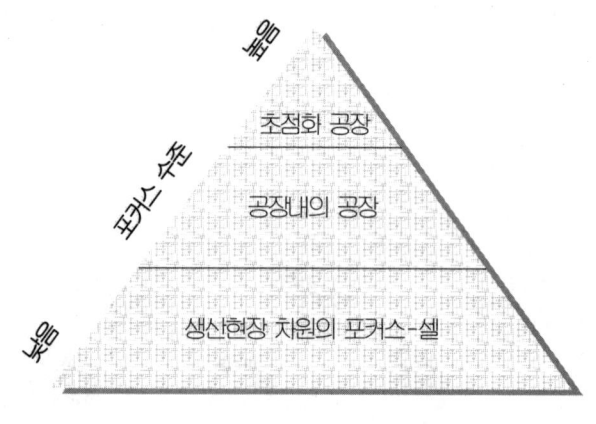

〈도표 3-1〉 포커스조직의 유형

공장차원의 포커스

포커스화된(focused) 조직은 조직의 규모에 따라 여러 형태를 띠게 된다.

예를 들어 대기업의 경우처럼 하나의 사업부가 여러 곳에 공장을 가지고 있는 경우 공장차원에서의 포커스를 생각할 수 있다. 예를 들어 공장 A에서는 고가품의 생산, 공장 B는 저가보급품의 생산, 공장 C는 주문형제품의 생산으로 나눌 수 있다. 이러한 제품중심의 조직체제 하에서는 가급적 공장의 규모를 작게 하는 것이 좋다. 공장이 커지게 되면 불필요한 감독관리부서가 비대해지고 의사소통이 원활해지지 않아 하나의 팀이라는 생각이 급격히 사라진다. 이런 특징을 가진 공장을 초점화공장(focused factory)이라 한다.

그러나 성격이나 특성이 서로 다른 품목의 생산이 필연적으로 요구되거나 공장차원의 포커스를 유지하기에는 양적으로 너무 커져버린 경우 팀정신을 유지하기 위해서 공장내의 설비를 생산품목그룹별로 나누는 소위 '공장내의 공장(plant within a plant)'의 개념을 고려해 볼 필요가 있다.

공장내의 공장의 목표는 이처럼 생산설비 및 기술인력 그리고 관리부서까지 물리적으로 독립된 두 제조 부서로 분할하고 각 부서별로 그 나름대로의 제조임무에 초점을 맞추고자 하는 데에 있다. 물론 분할초기에는 중복된 설비투자 및 소요 기술인력의 증가로 인해 비용이 급증하게 될 가능성이 크다. 그러나 시장환경의 변화에 따른 제조조직의 구조나 운영방침의 재조정이 손쉬워지게 되어 장기적인 경쟁우위의 토대가 될 수 있다. 이같은 초점화전략은 제조부문 뿐 아니라 운송, 보험, 금융, 정부기관 같은 곳에서도 큰 효과를 거둘 수 있다.

생산현장 차원의 포커스화

중소기업의 경우 공장내의 공장과 같은 높은 차원의 포커스는 해당되지 않는 경우가 많다. 규모가 작은 공장의 경우 셀(cell)을 통해 포커스가 이루어진다. 제조현장의 경우 셀이란 비슷한 성격을 갖는 품목들을 하나의 그룹으로 묶고 이들을 생산하기 위해 필요한 설비와 작업자들을 한 곳에 배치한 작업장을 말한다.

가공, 검사, 조립 등등 각자의 작업을 열심히 하기는 하지만 자기만의 영역의 최적화를 도모하고자 함으로써 오히려 재고가 쌓이고 각종 문제가 발생한다. 개별작업에의 제한된 초점을 폭넓게 확산시키기 위해서는 생산공정 전체를 바라보아야 한다.

같은 종류의 기계들을 한 자리에 설치하는 기능별 배치(공정별 배치, functional layout)하에서는 아무리 최적배치를 하더라도 상당한 거리를 이동한다. 불필요한 이동거리를 줄일 수 있는 가장 좋은 방법은 가능한 한 곳에서 모든 필요한 작업을 다 끝내는 것이다. 서로 비슷한 작업공정을 거치는 품목들을 하나의 그룹으로 묶어 이들을 생산해낼 수 있는 기계들을 한 곳에 모아 셀형태로 조직하면 이동거리는 크게 줄 것이다. 공정의 순서에 따라 자연스럽게 이동함으로써 자재의 흐름은 물론 다음 공정이 무엇이냐에 대한 혼란도 줄어들고 이 작업이 끝나면 어디로 옮겨지나를 생각할 필요도 없다. 작업장들이 서로 가까이 위치함으로써 리드타임도 현저히 줄어든다. 셀룰러 제조시스템(cellular manufacturing system)은 바로 이러한 그룹테크놀러지의 개념을 작업현장에 도입하여 물리적인 설비의 재배치를 이룩한 체제이며, 셀은 바로 셀룰러시스템에서 특정품목그룹을 생산하는데 필요한 설비를 갖춘 작은 작업장을 의미한다.

레이아웃의 재조명

설비배치의 유형은 작업의 흐름에 따라 크게 기능별 레이아웃, 제품별 배치 그리고 제품그룹별 배치(group technology layout)로 나누어 볼 수 있다.

기능별 레이아웃은 〈도표 3-2〉와 같이 같은 기능을 수행하는 기계설비가 한 작업장에 모여 있는 배치형태를 의미한다. 이러한 배치형태는 제품의 종류가 다양하고 일회생산량이 작은 다품종 소량생산 시스템에 알맞으며, 일반적으로 범용기계설비의 배치에 이용된다. 이 배치형태는 공작기계를 제작하는 공장에서 흔히 볼 수 있으며 병원, 은행, 자동차 수리공장 등의 서비스 기업에서도 많이 채택하는 배치형태이다. 기능별 레이아웃은 수요의 변동에 대해 손쉽게

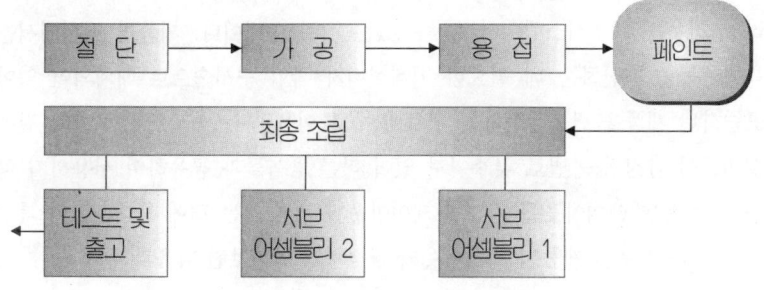

<図표 3-2> 기능별(공정별) 레이아웃

대응할 수 있으며 여러 품목들을 동시에 생산할 수 있기 때문에 다른 배치형
태보다 설비가동률이 높고, 이에 따라 기계설비의 투자액이 상대적으로 낮다.
그러나 기능별 레이아웃은 다양한 품목을 생산하도록 설계되어 있기 때문에
다음과 같은 문제점을 피할 수 없다.

● 생산품목별로 기계설비가 배치되어 있지 않기 때문에 대기 및 이동에 많
  은 시간이 소요된다. 이에 따라 재공품 재고가 늘게 되며, 또한 생산에
  소요되는 시간, 즉 조달기간이 길어진다.
● 재공품 재고로 인해 소요자금과 소요면적이 증가하므로 단위당 생산비용
  이 상대적으로 높다.
● 생산품목이 다양하고 기계설비가 기능별로 배치되어 있으므로, 생산 계
  획 및 작업스케줄을 효율적으로 수립하기 어렵다.
● 결과적으로 리드타임이 길어져 불량원인의 색출이 어려워지고 작업방법
  의 표준화도 쉽지 않다.

이런 레이아웃에서는 작업장끼리 서로 멀리 떨어져 있어 의사소통과 투명성
이 떨어지고 다음 공정이 내 고객이라는 생각이 현실화되기 어렵다. 결국 자
기 부서만의 최적화를 도모하고 얼마나 많이 생산했나에 초점을 두게 된다.
결국 전체 시스템은 무시된다.
한편 제품별 레이아웃은 석유화학, 제지공장 등과 같은 계속공정이나 자동

차, 전기 전자 등의 조립공정에 주로 이용되는 형태로 일반적으로 생산라인이라 불리우는 제조시스템에서 볼 수 있는 배치 형태이다. 제품별 배치에서는 특정품목을 생산하는 데 필요한 기계설비가 작업 순서순으로 배치되어 있어 표준화된 제품을 반복생산하는 경우에 주로 이용된다. 즉 〈도표 3-2〉와 같은 설비들이 특정 품목별로 갖추어져 있어 다른 품목들과 공유하여 사용하지 않는다. 제품별 레이아웃은 기능별 레이아웃과 거의 모든 면에서 대조적인 특징을 지니는데 우선 제품별 레이아웃의 장점부터 살펴보면 다음과 같다.

● 생산순서별로 기계설비가 배치되어 있기 때문에 작업장간의 이동시간이 짧아지고 대기시간 역시 현격히 줄어든다. 따라서 재공품 재고는 상대적으로 낮은 수준을 유지하며, 제품 단위당 생산소요시간도 짧다.
● 표준화된 제품을 반복생산하므로 단위당 생산비용이 저렴해지며, 생산계획 및 일정계획을 효율적으로 수립할 수 있다.

이에 반해 제품별 레이아웃에서는 생산품목에 맞추어 기계설비를 갖추게 되므로 제품의 설계변경, 수요의 변동이 일어나는 경우 손쉽게 설비를 조정할 수 없기 때문에 공정별 배치와는 달리 신축성이 결여되기 쉽다.

셀중심의 레이아웃

제품별 레이아웃이 우수하기는 하지만 제품의 가지수가 많아지면 너무 많은 설비투자를 요한다. 다양한 품목을 생산할 수 밖에 없는 경우에는 앞에서 살펴본 셀중심의 레이아웃을 도입하는 것이 바람직하다. 셀은 제품별 레이아웃의 특징을 기능별 레이아웃에 가미하여 자재의 운반, 대기시간을 줄이는 한편 다양한 품목을 생산할 수 있도록 고안된 설비배치의 형태로 그룹테크놀러지 시스템 하에서의 레이아웃이다. 〈도표 3-3〉과 같이 그룹테크놀러지 또는 셀룰러 제조시스템은 생산해야 할 품목을 형상, 치수, 가공공정 등의 유사성에 근거하여 몇 개의 그룹으로 나누고 각 그룹별로 필요한 기계설비를 배치함으로써 생산준비시간, 작업장간의 운반거리, 대기시간을 줄여 개별생산시스템 하에서의 생산성을 높이고자 하는 기법이다. 그룹테크놀러지는 그 이름이 풍기는 이미지와는 달리 유연생산시스템(flexible manufacturing system)이나 NC 기계 등을 이용한 자동화 시스템과는 달리 새로운 기술을 도입한 첨단의 생산 시스템이 아니다.

그룹테크놀러지는 1940년대에 소련의 S.R.Mitrofanov와 A.P.Sokolovskii등이 중심이 되어 유사한 품목들을 묶어 생산하면 생산 준비시간이 감소된다는

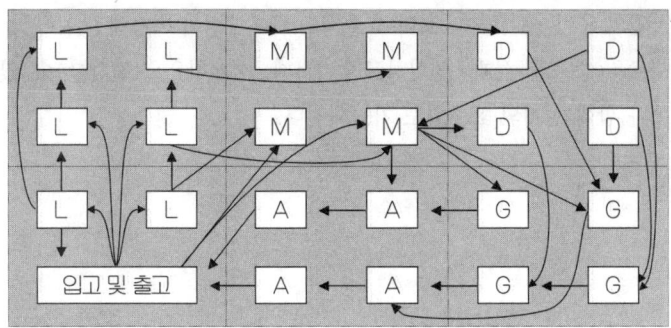

L : 선반, M : 밀링, D : 드릴, G : 연마, A : 조립

(a) 기능별(공정별) 배치

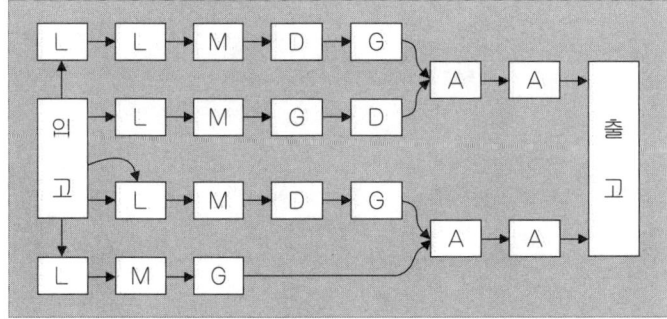

(b) 그룹테크놀러지 배치

〈도표 3-3〉 기능별 배치와 그룹테크놀러지 배치의 비교

논리에 그 기원을 찾아 볼 수 있으며, 1958년 Mitrofanov의 저서 The Scientific Principle of Group Technology 의 출간을 기점으로 하여 그 적용범위가 점차 확대되기 시작하였다.

그룹테크놀러지와 셀을 이용하여 생산할 품목을 그 유사성에 따라 여러 개의 그룹으로 나누게 되면 다음과 같은 효과를 기대할 수 있다.

● 유사품목을 묶어서 생산할 수 있으므로 생산준비시간이 절감되며 작업장 간의 운반시간이 줄어들게 된다.

● 각 그룹별로 일정계획을 수립할 수 있기 때문에 계획수립의 대상이 되는 작업의 수가 줄어들어, 보다 효율적인 계획수립이 가능해진다.

● 새로운 품목을 설계·생산하고자 할 때, 설계비용을 절감할 수 있으며 이와 함께 설계의 표준화도 가능해진다.

공룡시대의 종언

공룡 한 마리가 아침 식사를 하러 나왔다. 눈을 비비면서 뭔가 먹을 것을 찾았다. 그때 마침 커다란 뱀 한 마리가 풀숲 사이를 지나가는 모습이 보였다. 공룡은 그 뱀의 꼬리를 콱 물어뜯었다. 그러자 한참 뒤 자기의 꼬리부분이 심하게 아파오기 시작했다. 거대한 공룡은 자기의 꼬리를 뱀으로 착각하고 물어뜯었던 것이다.

이는 요즘 '빅 비즈니스'의 한계를 가장 잘 설명한 일화이다. 대기업들은 몸집이 커질 때로 커져 스스로 자기 꼬리를 뜯어먹는 상황에 이른 것이다. 그동안 빅 비즈니스는 여러 가지 측면에서 '스몰 비즈니스'보다 경쟁력이 높았다. 대규모의 자금을 동원, 거대한 플랜트를 짓고 대량생산으로 세계시장을 석권했다. 그러나 21세기에 들어서면서 '공룡 전략'은 맥을 추지 못하게 됐다.

몸이 무거워 스피드를 요구하는 정보화시대엔 살아남기 어려워졌기 때문이다. 소비자들의 수요가 달라진 것도 스몰 비즈니스에 유리하게 작용했다. 대량생산보다는 소량다품종 생산이 유리해진 것이다. 더욱이 중소기업늘이 벤처기업화하면서 이들의 경쟁력은 단숨에 대기업의 경쟁력을 뛰어넘었다.

'Small is Powerful'이 된 것이다. 중소기업청과 한국은행이 분석한 한국기업의 경영성과를 보면 이런 내용은 확실하게 드러난다. 지난해 매출액 증가율을 보면 대기업이 6.6%인데 비해 중소기업은 10.8%로 나타났다. 중소

3

스피드 혁신을 위한 조직의 초점화

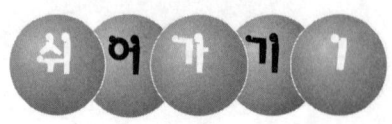

기업이 장사를 더 잘했다는 얘기다. 중소기업 가운데서
도 벤처기업의 매출액 증가율은 36.8%로 대기업에 비해
5배 이상의 증가율을 보였다. 경상이익률도 이제 중소기
업이 대기업을 앞질렀다. 세계를 지배하던 공룡들은 사
라지고 이런 기업들이 최강의 기업으로 차츰 떠오를 것
이다.

「한국경제」 2000년 10월 13일

3

중소기업 경영 〈빨리 빨리〉 〈제대로〉 하자

간결성의 미학

'간결성'의 미학은 기업경영에도 그대로 적용된다. 갈수록 급변하는 기업환경에 민첩하게 대응하고 효율성을 제고하는 첩경이다. 군살을 빼고 핵심사업에 집중하는 기업구조조정의 요체도 바로 간결성의 장점 때문이다. e비즈니스에서도 마찬가지다.

미국 경영전문잡지인 엔터프리너 매거진은 최근호에서 인터넷시대 기업생존의 키워드로 '기업활동의 간결화'를 제시했다. 물론 간결화냐 다양화냐의 선택은 기업이 처해 있는 환경에 따라 달라질 수 있다. 미국 마케팅대행업체인 맥킨리 마케팅 파트너스의 경우 창업 5년만에 매출규모를 80만달러에서 1백20만달러로 확장했다. 각종 프로젝트와 결제상황 체크를 위한 인하우스 정보시스템을 설계하는 등 다양한 혁신작업을 시행한 결과였다.

그러나 이같은 혁신과정이 지나치게 '복잡'한 탓에 한계에 부딪히기도 한다. 특정 이슈에 대한 해결책 모색과정에서 여러가지 문제가 동시에 제기되는 비효율적인 상황이 비일비재하기 때문이다. 이러한 문제들은 대개 전통기업들에 흔하다.

이에 대한 해결책은 바로 기업운영방식의 '간결화'에 있다고 컨설턴트인 빌 젠슨은 주장한다. 기업의 혁신, 창의성, 스피드 향상에 간결성이 도움이 된다는 것이다. 상황을 빨리 처리할수록 기업활동의 질이 높아지는 시대이기 때문이다. 개인 차원에서 삶의 복잡성에 문제를 제기하고, 단순성을 지향하는 것은 90년대 초반부터 일기 시작한 새로운 트렌드다. 사람들은 인생이나 비즈니스가 지나치게 복잡하다는 것을 깨닫고 돌파구를 모색하고 있지만, 구체적으로 어떻게 시작해야 할지는 모르는 상태라는 것이 전문가들의 지적이다. 많은 기업들이 단순화 원칙을 시행중이다. 고객의 편의를 위한 홈페이지 제작 등이 그것이다. 그러나 정작 자사 직원들의 필요는 고려하지 않는 경우가 많다.

젠슨은 미국의 5백개 기업을 대상으로 7년간 연구한 결과 기업혁신을 위한 경영진의 노력이 지나치게 '복잡한 경영스타일'로 인해 무색해지는 사례가 많다는 것을 발견했다. 간결성의 열쇠는 기업조직이 원하는 것과 현 상황에서 가장 필요한 것에 대해 파악하는 것이다.

이는 물론 상황에 대해 모든 것을 포괄한다는 것과는 다르다. 총체적인 정보와 그중 사용가능한 부분을 검토하는 것에 초점을 맞추다 보면 상황이 너무 복잡해지기 때문이다. 그 대신 의사결정을 내리기 위해 필요한 것이 무엇이며 직원들의 업무수행시 필요한 것은 무엇인지를 명확히 할 수 있어야 한다. 필요한 것을 명확히 규정하고 모든 정보에 대한 지나친 집착을 버리기 위해서는 명확성에 대해 다음과 같은 다섯가지 사항을 감안해야 한다.

- 업무의 연관성
- 업무의 목표
- 결과와 평가에 대한 고려
- 업무수행을 위한 수단

● 성과

이조차 어렵다면 지금 하려는 업무와 해야 할 일이 무엇인가에 대한 이해다. 즉 현재 사업내용이 무엇이며 가장 중요한 목적이 무엇인가에 초점을 맞춘다는 것이다. 대개 기업들이 e비즈니스를 위한 초보적인 방안으로 홈페이지를 구축하고 있지만 모양 뿐인 경우가 허다한 것은 이러한 기본적인 사항조차 제대로 고려하지 않는 탓이다. 홈페이지 뿐아니라 전자상거래 등에서도 마찬가지다.

시대적 흐름이라는 대세에 밀려 이것저것 사업만 벌리다보면 기업운영은 복잡하기 이를데 없어지고 결국 소기의 목적은 커녕 e비즈니스 자체가 무용지물이 되고 만다는 것이다. 엔터프리너 매거진은 그렇지만 간결성을 실현하기가 그리 쉬운 일은 아니라고 지적한다. 간결성을 제고하기 위한 작업에는 상당한 시간이 소요되는데다 조직구조와 과정, 각종 툴에 대한 설계가 이뤄져야 하고 이는 고객뿐만 아니라 직원들의 필요를 충족시켜야 하기 때문이다.

「한국경제」 2000년 8월 29일

3

스피드 혁신을 위한 조직의 초점화

4. 제조현장의 리드타임 축소전략

빨리빨리전략의 창시자

1926년 헨리 포드는 그의 저서 『오늘과 내일』에서 원광석을 리버라운지공장에서 녹여 최종적으로 자동차를 만들 때까지 41시간이 걸린다고 밝혔다. 이중 12시간은 엔진공장에서 조립공장까지 엔진을 운반하는데 걸리는 시간이었다. 마치 정유공장처럼 물흐르는 것과 같은 자재흐름이라 할 수 있다. 물론 "검정색을 원한다면 어떤 색이든 만들어줄 수 있다"(make any color you wanted, as long as it was black)의 결과라고도 할 수 있다. 그렇다면 포드는 왜 검정색을 선호했을까? 검정색은 도색불량을 감추기도 힘들고 흠이 나는 경우 쉽게 드러난다. 또 깨끗이 세차하기도 힘들다. 포드의 선택이유는 검정색이 가장 빨리 마르는 색상이었기 때문이었다. 포드의 몰락은 이 좋은 아이디어를 제품의 다양성 확대에 적용하지 않은 탓이었다.

포드의 분업화 원리를 반영한 생산관행은 소비자의 취향을 충족시키기 위해 다양한 모델과 선택사양이 등장한 뒤에도 계속되었다. 생산원가를 줄이기 위해 직무의 전문화를 더욱 심화시키고 분업을 통해 생산량 증대에 노력하였다. 모든 근로자들과 기계설비들을 기능별로 그룹화한 뒤 다양한 모델, 사이즈, 색상의 제품들을 한번에 커다란 로트로 생산하여 재고로 쌓아두곤 했다. 이처럼 1회 생산량을 크게 하자 어쩔 수 없이 공장의 규모는 커질 수 밖에 없었고 지나친 분업화로 인해 현장의 작업자와 기술자들은 별다른 교육과 훈련을 받을 필요성을 느끼지 못했다.

간접비는 급증했지만 공장규모가 커지고 품목수의 증가로 인한 당연한 결과로 간주하였다. 생산비용을 줄이고자 하는 노력은 크고 빠른 기계를 선호하게 되었고 결국 재고만 더 쌓이게 되었다. 더구나 비효율적인 생산의 흐름을 계획하고 관리하기 위해 여러 아이디어가 나왔지만 결과적으로 간접비만 증가시켰다. 각 부서는 하나의 그룹이 되어 스스로의 영역을 넓히고 기득권을 보호하며 그 자신이 속해 있는 부문의 것만 배우고자 한다. 이제 포드의 아이디어 중 상당부분을 과거로 돌리고 새로 시작해야 할 때가 도래했다.

리드타임의 구성요소

제조현장의 리드타임은 대기시간, 생산준비시간, 이동시간 그리고 실제 무엇인가 가치있는 것을 만들어내는 가공시간으로 구성되는데, 리드타임이란 결국 소비자가 기다리는 시간이므로 이미 들어온 주문적체량에 정비례하고 작업장의 처리능력에 반비례한다.

$$리드타임 = 주문적체량 \div 작업장생산능력$$
$$= 재공품재고수준 \div 작업장생산능력$$

분모는 그대로 있는데 분자가 늘어나면 리드타임은 증가할 수 밖에 없다. 리드타임이 길어지면 미리 미리 작업장에 생산을 의뢰해야 하므로 주문적체는 더 심해진다. 이에 반해 리드타임을 단축하면 고객에게 주문제품을 짧은 기간 안에 인도할 수 있는 수주위주의 생산체제를 유지할 수 있어 불필요한 재고가 줄며, 모델이 변경되더라도 그때 발생할 수 있는 불용(不用)재고를 최소화할 수 있다. 이제 리드타임의 구성요소를 살펴보자.

● 대기시간(queue time) : 리드타임 중 차지하는 비율이 가장 높은 요소로 작업능력이 부족하면 어쩔 수 없이 생길 수밖에 없다. 또한 평균적으로 충분한 능력을 가지더라도 작업량이 심하게 변동하면 대기시간은 길어진다. 그뿐만 아니라 설비의 배치가 공정별로 되어 있거나 로트의 크기가 크면 대기시간은 당연히 증가한다. 더군다나 공장의 경우 유휴시간은 죄악이지만 잔업은 당연한 것으로 받아들인다. 이같은 편견을 가지고 있으

면 가능한 모든 작업장 앞에 엄청난 재공품을 쌓이도록 하여 결과적으로 대기시간은 한없이 늘어난다. 이런 작업장을 몇군데 거쳐가면 리드타임은 한없이 늘어난다.

- 생산준비시간(set-up time) : 예전에는 생산준비작업 자체를 어쩔 수 없이 거쳐야 하는 과정으로 생각했었다. 생산공정의 개선 역시 생산준비작업은 제외하고 나머지에만 주력하였다. 생산준비시간이 길면 1회생산량을 늘림으로써 지나치게 빈번한 생산준비에서 오는 가동률손실을 막고자 하였다. 그러나 이제는 생산준비작업을 공정의 신축성을 떨어뜨리고 재공품재고를 증가하게 하는 주범으로 간주한다.

- 기계가공시간(run time 또는 process time) : 리드타임에서 실제 기계가공시간이 차지하는 비중은 5%도 되지 않는 경우가 많다.

- 이동시간(move time) : 한 작업장에서 또 다른 작업장으로 재공품을 운반하는데 소요되는 시간으로 셀이나 흐름라인의 도입을 통해 현저히 줄일 수 있는 요소이다.

- 짝을 이루는 다른 부품들이 도착할 때까지 기다리는 시간(wait to match time)

대기시간	생산 준비 시간	기계 가공 시간	이동시간

〈도표 4−1〉 리드타임의 구성요소

그렇다면 제조부문에서의 리드타임은 왜 필요 이상으로 길어지는가? 나시 한번 그 이유를 간추려보면 다음과 같다.

- 예측오류 : 예측이 정확하지 못하면 불필요한 자재나 부품들은 재고로 쌓이며 정작 필요한 품목들은 부족하게 된다. 따라서 주문이 들어 왔을 때 필요한 자재와 부품의 조달에 상당한 시간이 소요되어 리드타임은 길어진다. 한편 리드타임이 길어지면 수요예측에의 의존도는 더욱 높아진다.

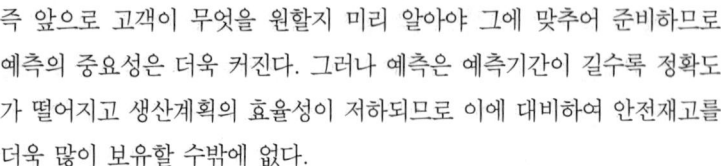

즉 앞으로 고객이 무엇을 원할지 미리 알아야 그에 맞추어 준비하므로 예측의 중요성은 더욱 커진다. 그러나 예측은 예측기간이 길수록 정확도가 떨어지고 생산계획의 효율성이 저하되므로 이에 대비하여 안전재고를 더욱 많이 보유할 수밖에 없다.

● 수요와 생산의 동시성(synchronization) 결여 : 소비자는 매일 주문하지만 생산의 효율성만을 강조하여 한달에 한번 생산한다면 고객입장에서 리드타임은 길어질 수 밖에 없다.

● 비효율적인 자재흐름 : 생산공정이 지나치게 세분화되어 있거나 낭비적인 요소들이 많이 들어가 있을 때 생산프로세스의 길이는 길어진다. 이 경우 이동시간과 지연시간이 길어질 수밖에 없다.

● 품질불량 : 품질이 시원치 않으면 몇 개를 만들어야 양품 100개를 만들수 있는지 모른다. 100개만 만들고 불량품은 재작업으로 고친다면 리드타임은 길어진다. 그렇다고 120개를 만든다고 양품이 반드시 100개 이상 나온다는 보장도 없다. 품질경영이 제대로 이루어지지 않으면 리드타임은 길어진다.

● 긴 생산전환 준비시간과 이로 인한 로트의 크기 확대 : 생산준비시간이 길면 생산성유지를 위해 1회 생산량을 확대하고자 하는 경향이 있다. 그러나 로트 크기가 커지면 불필요하게 많은 양을 생산하게 되어 긴급한 품목의 생산을 지연시킨다.

● 기능별 레이아웃 : 같은 기능을 하는 설비를 한 자리에 모아둔 기능별 레이아웃 하에서는 대기시간과 이동시간이 길며 유사한 작업들을 모아서 하는 경향이 있기 때문에 대기시간은 길어진다. 그러나 원가는 절감하는 것으로 보인다. 왜냐하면 작업장의 가동률도 높고 작업자수도 줄일 수 있으며 나름대로 최적의 스케줄을 수립하여 작업에 임할 수 있다. 그렇지만 한 작업장에서는 효율적이지만 여러 작업장을 거쳐야 할 때 전체적인 리드타임은 길어져 고객서비스는 저하된다.

그러므로 리드타임을 축소하기 위해서는 우선 품질을 개선함으로써 불필요한 작업을 반복하지 않도록 해야 한다. 99개를 만들어 놓고도 1개의 불량품을 재작업하기 위해 시간을 낭비한다면 리드타임은 줄어들 수 없다. 또한 생산준비시간이 줄어들지 않는 이상 리드타임은 쉽게 단축되지 않는다. 개별품목의 생산준비에 상당한 시간을 투입한다면 생산성을 올리고 기계사용율을 높이기 위해 가능한 같은 품목을 오래 생산하고자 할 것이다. 따라서 아무리 급한 주문이 들어온다 해도 지금 생산하고 있는 품목의 생산이 완료되기 전까지는 다른 품목으로 생산을 전환하지 않게 된다. 전반적으로 재공품재고가 줄어들지 않으면서도 리드타임은 길어만 간다.

〈그림 4-1〉 리드타임 축소전략의 필요

리드타임 · 로트의 크기 · 재고

셀을 구축하거나 설비개선을 통해 또는 직접적인 생산준비시간 축소노력으로 생산준비시간이 줄어들고 이에 따라 로트의 크기가 줄어들면 리드타임은 짧아진다. 생산관리이론 중에서 가장 자주 접하는 경제적 주문량 공식을 이용하면 생산준비시간(또는 이를 비용으로 환산한 생산준비 비용)이 줄어들면 1회 생산량도 줄어든다. 물론 정비례하여 줄어들지는 않지만 1회생산량은 줄어든다.

$$Q^* = \sqrt{\frac{2\,(연간수요)\,(생산준비비용)}{연간단위당\ 재고유지비용}}$$

만약 모든 생산품목의 준비시간이 줄어들었다면 각 품목별 1회생산량이 줄 어들어 이전보다 빨리 자기 차례가 돌아오므로 리드타임은 줄어든다. 한번에 작은 수량을 만들기 때문에 재고도 줄어든다. 물론 이전보다 자주 생산준비를 하게 되어 전체적인 생산준비시간은 크게 줄지 않을 수도 있다. 구매자 입장 에서도 리드타임이 줄어들어 납품에 대한 불확실성이 그만큼 줄게 되어 **안전 재고***를 이전보다는 조금 보유해도 된다. 실증적으로 안전재고는 √리드타임 에 비례한다. 가령 4주였던 리드타임이 1주로 줄어들면 안전재고는 반으로 줄 어든다. 결과적으로 생산준비시간의 단축은 재고의 축소로 이어진다.

*안전재고(safety stock)란 리드타임동안의 수요가 불확실하기 때문 에 추가적으로 보유하는 재고이다. 리드타임 동안 평균적으로 발생하는 수요보다 재고를 더 많이 가지고 있다면 그 차이가 바로 안전재고이다.

가동률과 대기시간

경영이론에 대기행렬이론이라는 것이 있다. 이 이론은 서비스 시스템에서 발생하는 대기행렬문제를 확률이론을 적용하여 분석하고자 하는 이론이다. λ 를 시간당 작업장에 도착하는 작업수의 평균치라 하고 $1/\mu$을 작업 하나를 처 리하는데 소요되는 시간의 평균이라 하자. 대기행렬이론에 의하면 작업장 가 동률과 대기시간은 다음과 같다.

가동률 = λ/μ

W_s = 대기시간 = $1/(\mu\text{-}\lambda)$

즉, 가동률이 100% 가까이 된다는 것은 λ와 μ가 거의 비슷한 값이라는 것이 다. 즉 λ보다 μ가 크지만 그 차이가 매우 작은 경우이다. 이런 경우 W_s의 공

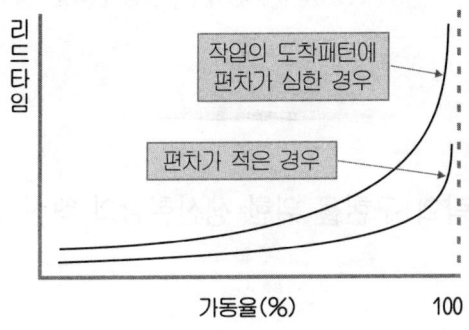

〈도표 4-2〉 가동률과 리드타임간의 관계

식에서 분모가 매우 작은 값을 취하게 되므로 대기시간이 매우 커져 결과적으로 리드타임은 매우 커진다. 따라서 작업장의 가동률을 100%로 유지하도록 계획하는 것은 대기시간을 엄청나게 늘려 리드타임을 늘리는 결과를 초래한다. 100% 가동률 유지와 리드타임 단축은 결코 동시에 성취할 수 없는 목표이다. 특히 〈도표 4-2〉에서와 같이 주문 즉 작업의 도착패턴이 불규칙할수록 리드타임은 더 늘어난다.

그렇기 때문에 리드타임 단축을 위해서는 생산능력보다 계획량을 적게 잡는 것이 바람직하다. 100%까지 설비를 가동하는 경우 품질경영활동의 활성화가 어렵고 근로자들도 피곤에 젖어 품질경영기법을 숙지하거나 적용하는 활동을 하기 어렵다. 기본적으로 여유가 있어야 훈련과 종업원참여가 가능해지며 다기능공 양성을 위한 자기개발에도 초점을 둘 수 있다. 또한 수요의 변동이 있더라도 이를 반영하여 생산계획을 수립하려면 어느 정도의 여유가 있어야 한다. 여유가 없으면 고객수요에 맞추어 생산한다는 것은 불가능하다. 그외에도 설비 공구의 보수유지, 프로세스 개선, 공장 청소, 각종 회의를 위한 어느 정도의 여유가 필요하다.

대개 생산능력의 85%에서 92% 정도를 실제 생산에 투입하는 것이 적절하다고 한다.

Costanza, J.R., The Quantum Leap : In speed-to-Market,

J.C. Institute of Technology, Inc., Denver, CO., (1996) p. 81.

빨리빨리전략의 구현을 위한 생산현장의 혁신

기본원리

리드타임 축소를 위한 제조현장의 혁신은 도요타 자동차의 생산현장에서 구축된 적시생산시스템의 도입과정과 흡사하다. 적시생산시스템의 목표는 제조조직내의 모든 낭비적인 요소들을 제거함으로써 리드타임을 단축하고 신축성을 향상하고자 하는 데 있다. 즉, 공정내의 모든 흐름을 한 눈에 투명하게 볼 수 있으며 군더더기가 없는 아주 단순한 조직의 구현을 목표로 한다. 공정의 흐름이 단순하고 투명하므로 불량품이 생기면 즉시 그 원인을 찾아 해결할 수 있으며 낭비적인 요소들이 없으므로 남보다 신속하게 생산해 낼 수 있다. 남보다 좋은 제품을 더 빨리 생산해낼 수 있으므로 생산성은 당연히 경쟁업체보다 높을 것이고 공정내에 낭비가 없으므로 원가나 품질면에서도 비교가 안된다. 이런 조직으로 탈바꿈하게 되면 소비자가 원하는 좋은 품질의 제품을 필요한 양만큼만 생산하여 신속히 공급할 수 있다. 미리 생산하여 재고로 가지고 있을 필요도 없고, 또 제대로 생산하지 못하여 고객의 불만을 불러 일으킬 경우도 생기지 않는다.

이런 적시생산시스템이 추구하는 제조부문의 기본원리는 다음과 같다.

- 품질개선에 돈이 들지는 않는다. 품질을 향상시키려면 돈이 많이 든다는 것은 잘못된 생각이다. 첫번에 제대로 할 수 있다면 재작업과 폐기물을 줄이고 고객의 불만을 미연에 막을 수 있어 오히려 총비용은 줄어든다.
- 현장작업자들이야말로 전문가이고 엔지니어와 각종 지원부서는 이들을 돕기 위해 있다. 첫번에 제대로 잘 하기 위해서는 현장작업자들을 통해서만 가능하다. 현장의 많은 문제점을 잘 이해하고 파악하고 있는 이들

전문가들을 제대로 활용하기 위해서는 이들에게 문제해결방법에 대해 조언해주고 어려운 문제를 같이 생각해 줄 수 있는 지속적인 학습과 개선을 장려하는 조직 분위기의 구축이 필요하다.

● 불가피한 실수와 오류의 영향을 최소화하기 위해서는 자동검사기나 각종 실수방지장치(foolproof mechanism)의 개발을 적극적으로 시도해야 한다.

● 재고는 모든 말썽의 근원이다. 재고는 현장에서 일어나는 모든 문제를 깊숙이 감추어버리는 나쁜 역할을 한다. 일본의 경영자들은 그림 〈4-2〉과 같이 강의 비유를 통해 재고문제를 생각하곤 한다. 강물이 항상 같은 속도로 하류를 향해 흘러가지는 않는다. 강물속에는 돌, 바위, 쓰레기, 깊은 골짜기가 있을 수 있으며 물의 흐름은 바로 이런 것들 때문에 방해받는다. 이 비유에서 물의 흐름은 제조공정내의 자재의 흐름이라고 할 수 있으며 관리업무의 경우에는 서류나 보고서 같은 것의 흐름이라고도 볼 수 있다. 물은 재고이고 돌이나 바위는 공정내의 수많은 문제점이나 불완전한 요소를 의미한다. 물의 흐름을 더 빠르고 깨끗히 하기 위해서는 돌이나 바위같은 장애물요소를 없애야 하며 이것들이 어디에 숨어 있나를 알아내기 위해서는 무엇보다도 수위가 낮아져야 한다. 물속에 잠긴

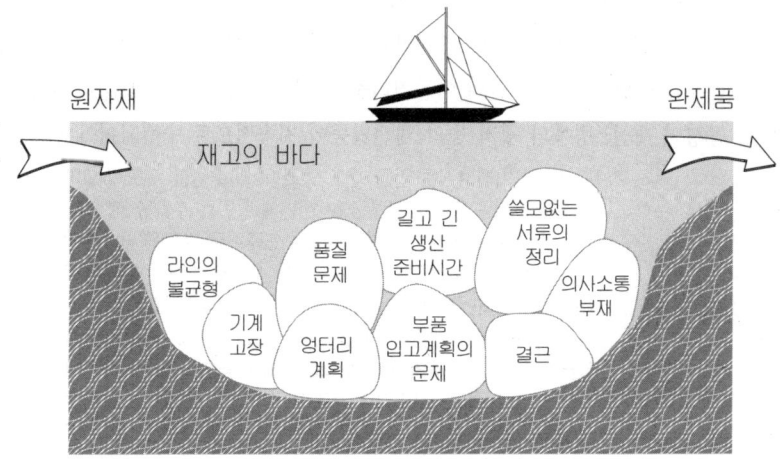

〈그림 4-2〉 재고의 비유

상태, 즉 수위가 높을 때에는 아무리 좋은 도구라도 제대로 돌이나 바위를 제거하기 힘들며 설사 제거했다 하더라도 강가에서 더 많은 바위나 쓰레기가 굴러들어갈 수 있기 때문이다.

○ 재고의 축소는 수위를 낮추게 하여 얼마 안가서 배가 바위에 부딪히게 된다. 이는 곧 제조공정에서의 수많은 문제중의 하나와 맞부딪히게 된다는 것이다. 의식적으로 재고수준을 낮추어 문제점을 노출하여 작업자, 감독자, 엔지니어들이 합심하여 노력하지 않을 수 없도록 한다. 물론 적시생산제가 완전히 정착된 기업이라고 해서 전혀 재고없이 모든 공정을 운영할 수는 없다. 그러나 병목작업장을 식별하여 생산능력을 고르게 하고 불량품의 발생을 미연에 예방함으로써 작업장과 작업장 사이의 자재흐름을 원활히 하면 재공품재고는 자연히 줄어든다.

○ 로트의 크기는 작을수록 좋다.* 가장 이상적인 로트크기는 $Q = 1$이다. 로트의 크기 즉 일회생산량이 필요 이상으로 크면 당장 긴급히 공급해야 하는 물량이 적더라도 많이 만들어야 하므로 고객의 수요을 충족시키는데 걸리는 시간이 필요 이상으로 길어진다. 또한 모든 다른 품목들의 로트크기도 크므로 작업장마다 상당시간을 대기해야만 그 품목의 작업을 시작할 수 있다. 그뿐만 아니라 작업도중에는 발견하지 못했던 불량부위가 나중에 발견되었을 때 로트크기가 클수록 상대적으로 많은 손실을 초래한다. 로트의 크기를 줄이고 제조공정의 리드타임을 단축하기 위해서는 생산준비시간의 단축, 작업장간의 이동거리축소, 품질좋은 부품의 공급업체확보, 공정의 개선, 병목의 제거 등의 개선활동이 지속적으로 수행되어야 한다.

* JOB은 한번에 1개를 만들 수도 있고 10개를 만들 수도 있으며 1,000개를 만들 수도 있다. 이런 경우 한번에 만드는 수량을 로트의 크기라 한다. 뱃취(batch)란 로트의 크기가 표준화된 JOB을 의미한다. 예를 들면 특정 품목을 생산할 때마다 1톤을 생산하는 경우 뱃취는 이 1톤을 생산하기 위해 필요한 각종 원자재의 투입작업을 의미한다. 서로 다른 일을 연속해서 하는 경우 각각의 일은 JOB이 된다. 개별생산제의 어려움은 이러한 JOB들의 처리과정의 관리에 영향을 미치는 변수들이 많다는 것이다. 예를 들어 같은 제품이라도 색상, 크기, 스타일, 1회 생산요구량이 다를 수 있고 각 JOB마다 거치는 작업공정, 필요부품, 고객의 품질요구수준이 다 다르다.

● 원가절감은 공정내의 흐름속도가 빨라진 결과이다. 적시생산제 하에서는 원가절감은 그 자체가 목표가 아니고 재공품재고의 감축, 품질개선, 효율적인 설비배치 등 여러가지 낭비제거의 결과로 나타난 것이다. 갖가지 낭비요인들이 없어지면 리드타임이 현저히 줄어들면서 그 과정에서 자연히 원가절감이 이루어진다.

도요타의 원가개념

포드자동차 이래 생산현장의 리드타임 단축에 온갖 노력을 투입한 도요타자동차회사에서는 코스트(cost)의 개념을 매우 폭넓게 정의함으로써 리드타임 단축과 낭비 제거의 당위성을 조직 전체에 잘 전파하고 있다. 도요타에서의 코스트는 이익을 산출할 때 매출액에서 공제해야 하는 과거, 현재, 미래의 모든 현금지출을 말한다. 따라서 도요다 생산방식에서 말하는 원가에는 제조원가뿐만 아니라 판매비, 일반관리비, 그리고 자본비용까지도 포함된다.

이제 낭비를 제거하여 원가를 절감하는 과정을 〈도표 4-3〉을 통해 설명해보자. 생산현장에서의 1차적인 낭비는 과잉생산 요소가 존재하는 것이다. 예를 들면 과다한 인력, 과잉설비, 과잉재고가 1차적인 낭비이다. 인력, 설비, 재료, 제품을 필요 이상으로 보유하면 원가는 높아진다. 예를 들면 과다한 인력은 불필요한 노무비를, 과잉설비는 불필요한 상각비를, 과잉재고는 불필요한 금융비용을 발생시킨다. 더구나 이 1차적인 낭비가 원인이 되어 2차적인 낭비가 생겨난다. 특히 공정에 사람이 너무 많을 경우에는 매회의 생산 사이클마다 다소의 대기시간(idle time)이 생기기 마련이고, 이를 줄이기 위해 과잉생산을 하기 마련이다.

여기에서 2차적인 낭비로서 '과잉생산의 낭비'가 발생하게 된다. 도요타에서는 과잉생산의 낭비를 여러 가지 낭비 중에서 최악의 것으로 보고 있다. '과잉생산의 낭비'는 생산현장에서 작업이 너무 빨리 진행되는 것을 말한다. 원래 대기해야 할 시간에 불필요한 일을 해버리는 것이다. 그 결과 라인의 뒤와

4

제조 현장의 리드 타임 축소 전략

중간에 불필요한 재고가 쌓이게 된다.

　이것이 3차적인 낭비로서 '과잉재고의 낭비' 이다. 이 과잉재고를 이동시키거나 다시 쌓는 일(실제로는 불필요한 운반작업)이 발생하면 점점 '과잉생산의 낭비'는 파악하기조차 어렵게 된다. 실제로는 과잉생산의 낭비가 있기 때문에 역으로 과다한 인력을 필요로 하는 면도 있다. 만일 과잉재고를 갖고 있다면 다음과 같은 4차적인 낭비가 발생된다.

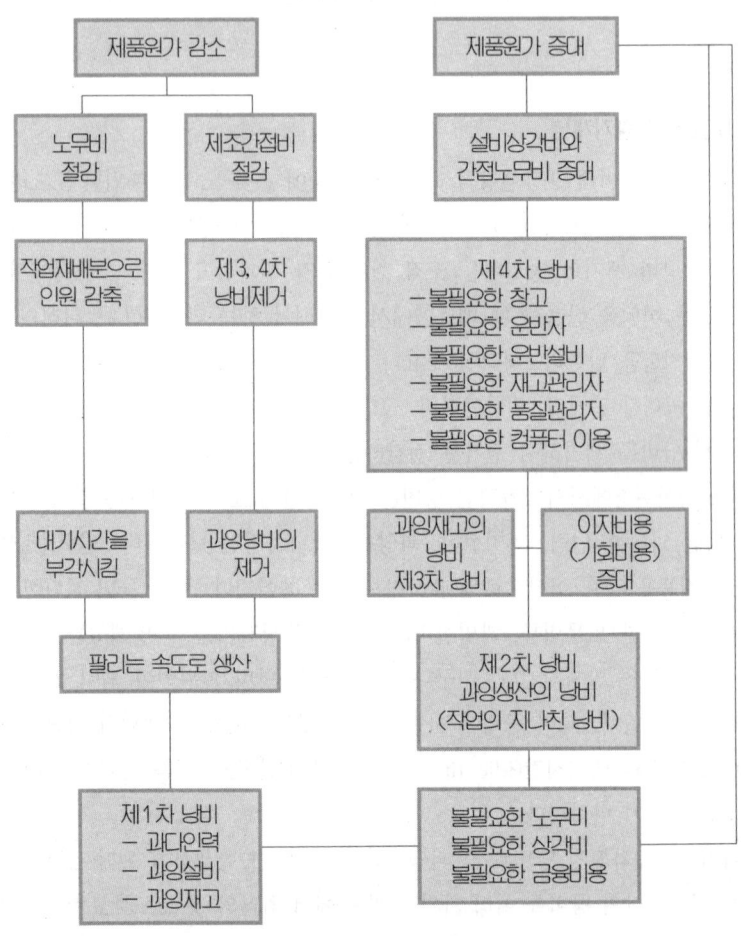

<도표 4-3> 낭비의 원인과 유형
몬덴 야스히로(송한식, 홍성찬 역), 신도요타시스템, 기아경제연구소, 1991, 23쪽

- 재고가 공장에 다 들어갈 수 없다면 창고를 짓는다.
- 창고까지 운반하는 운반 작업자를 고용한다.
- 운반 작업자들에게 1인당 한 대씩 리프트(lift)를 사준다.
- 창고 안에 녹스는 것을 방지하고 재고관리를 위해 사람을 추가적으로 고용한다.
- 발생한 녹과 흠을 수리하는 작업자가 필요하다.
- 여러 종류의 재고를 시시각각으로 파악하기 위해 상당한 간접부문인력이 필요하다.
- 이러한 재고를 컴퓨터를 이용하여 관리하려는 사람이 생겨난다.

이러한 1차, 2차, 3차, 4차의 낭비는 전부 직접재료비, 직접노무비, 간접노무비, 감가상각비 등의 간접경비, 일반관리비 등을 증대시켜서 원가를 높인다. 따라서 제1차적 원인 중 핵심인 '과다한 인력'을 감소시키는 것이 중요하며, 이를 위하여 작업자의 '대기시간'을 누구든지 알 수 있도록 하는 것이 선결 과제이다. 과다한 인적자원 낭비가 '대기낭비'로서 눈에 띄게 되면, 그 후에 작업을 재분배해서 사람을 줄이는 것이 가능하다. 이것은 노무비를 절감시키고, 이어서 2차, 3차, 4차의 낭비가 추가적인 원가를 유발하는 것을 방지할 수 있는 것이다.

이상의 단계에서 살펴본 것처럼 과잉생산을 억제하는 것이 최우선이며, 모든 공정에서 제품을 판매속도에 맞추어 만들어 가는 것이 도요타 생산관리시스템 노하우의 가장 중요한 과제이다.

리드타임 축소를 위한 제조현장의 혁신

리드타임의 축소는 제조조직에서 생길 수 있는 모든 낭비적인 요소를 제거하고 부가가치를 창출하지 못하는 모든 활동들을 제거하고 여러 단계를 거치는 작업들을 하나로 통합함으로써 가능해진다. 만약 눈에 보이는 제조현장의 낭비조차 제거하지 못한 기업이라면 기본적으로 작업장정비부터 시작해야 한다.

작업장정비 (5S운동)

작업장정비는 공장의 작업현장에서 시작하지만 제조조직 전체에 확산되어야 한다. 작업장정비의 목적은 문제가 발생한 곳에서 신속하게 해결책을 강구한다는 데에 있으며 5S 운동이라 불리우는 다음의 다섯 단계를 거쳐 진행된다. 여기서 5S는 Seiri, Seiton, Seison, Seiketsu, Shitsuke라는 일본어의 영문표기의 첫글자에서 따온 것이다.

- Seiri(정리): 당장 쓸 것이 아니면 모두 치워라. 불필요한 재공품, 불필요한 유휴설비, 사용하지 않는 각종 계기, 자재, 쓰레기 등등 불필요한 것들을 현장에서 깨끗이 치워 정돈된 작업환경을 유지한다.
- Seiton(정돈): 작업장 안의 모든 공구와 물자에 대해 놓여 있어야 할 위치를 결정하고 항상 제자리에 되돌려 놓도록 함으로써 언제나 지체하지 않고도 찾아 쓸 수 있도록 한다. 작업자 스스로가 모든 것의 상세한 위치와 레이아웃을 결정하도록 하고 자신의 일과 작업장에 100% 책임을 지도록 한다.
- Seison(청소): 작업장 자체의 청소는 물론 기계설비, 공구의 청소와 정비를 게을리해서는 안된다. 자신이 쓰는 기계를 닦고 조이고 기름칠하여 항상 좋은 상태로 유지함으로써 기계고장의 징후도 쉽게 발견할 수 있다.
- Seiketsu(청결): 앞의 세 가지를 항상 지킴으로써 작업환경을 언제나 청결하게 유지한다.
- Shitsuke(규율): 모든 사람들이 이러한 규칙을 이해하고 지키며 또한 어떤 방법으로 든지 이 운동에 적극적으로 참여한다.

레이아웃의 개선

각 작업장에 숨어있던 낭비적인 요소들이 어느 정도 제거되고 작업장 내에서의 자재흐름이 원활해지면 공장전체의 자재흐름에 대한 분석을 시도해야 한다. 흐름공정도와 같은 도식적 기법을 이용하여 자재의 흐름패턴뿐만 아니라 각 작업장의 작업부하에 관한 것도 살펴볼 필요가 있다.

작업공정에서의 실수방지책 구축

JIT생산을 실현하기 위해서는 후속공정에 불량품이 하나도 흐르지 않아야 하고 그 흐름이 유연하고 막힘이 없어야 한다. 따라서 품질관리와 JIT 생산이 간판방식을 통해 양립되어 있지 않으면 안된다고 할 정도로 품질관리는 중요하다.

오늘날 공장에서 쓰이는 자동화설비들은 스위치만 누르면 저절로 작업한다. 그러나 이들 기계들이 스스로 문제점을 발견하여 고치지는 않는다. 또 언제 작업을 중단할 것인가를 판단하지도 않는다. 결국 누군가가 이 기계들이 잘 돌아가고 있나를 지켜보고 있어야 한다. 만약 작업자들을 기계에서부터 분리하여 낭비적인 시간(기계를 지켜 보고 있는 시간)을 줄일 수 있다면 더 많은 생산적인 일을 할 수 있다. 즉 불량, 공구의 파손, 부품부족과 같은 비정상적인 현상이 발생했을 때 스스로 가동을 멈추고 작업자의 도움을 청하기 위한 신호를 보낼 수 있도록 피이드백시스템을 갖출 수 있다면 품질과 생산성 면에서 현격한 향상을 기대할 수 있다.

도요타에서는 이런 시스템을 '사람인(人)변이 붙은 自動化'로 부르고, 종종 생략해서 自動化라고도 부른다. 自動化중에서도 실수방지구는 타이머(timer), 감지기(sensor), 경보장치(warning tone), 정렬표식표(alignment template)와 같은 간단한 도구를 이용하여 작업상의 실수를 미연에 방지하거나 실수를 했더라도 이를 즉각 피드백할 수 있도록 하는 과정이나 장치를 의미한다. 이와 같은 실수방지책으로 다음과 같은 예를 들 수 있다.

● 작업장에서 30개를 가공하면 밀링헤드의 교체를 위해 자동적으로 작동을 중지한다.

● 워드프로세싱에서 20줄을 입력시키면 자동으로 저장되게 한다.

● 미국의 블랙 앤드 덱커社의 벤치 그라인더 포장박스에는 공구, 몇가지 부착물, 사용설명서, 보증서 등 모두 9가지가 들어간다. 실수방지책 도입 전까지 소비자불평의 70%는 이 9가지가 모두 들어가 있지 않았기 때문이었다. 이들이 도입한 실수방지책은 다음과 같다. 우선 그라인더를 박스에 넣어 컨베이어위에 올려놓으면 일단 포장부서에서 자동장치에 의해 정지한다. 박스에 들어갈 나머지 8가지 품목은 서로 독립된 칸 속에 들어가 있는데 이 칸마다 포토셀(photocell)이 부착되어 있어 작업자가 칸 속의 품목을 꺼내기 위해 이 칸에 손을 대면 포토셀의 불이 나가도록 되어 있다. 8개의 포토셀의 불이 모두 나가면 자동장치가 박스를 움지이게 한다. 물론 포토셀의 불이 꺼졌다고 해서 해당칸의 품목을 박스에 집어넣어다고 확신할 수는 없다. 그러나 이 방법을 도입한 후 9개월만에 소비자의 불평은 한 건도 발생하지 않았다. 그후 이 회사는 모든 품목의 포장에 이 방법을 채택하였다고 한다.

다기능공의 양성과 작업인력의 소인화

수요변동에 적응할 수 있도록 작업현장의 작업자 수를 유연하게 조정하는 것을 도요다자동차에서는 소인화(少人化)라고 부른다. 즉 소인화는 수요가 변할 때(감소 또는 증가할 때) 작업현장의 작업자 수를 조정(감소 또는 증가)하는 것을 의미한다. 소인화는 수요감소로 작업자를 줄여야 할 때 중요한 의미가 있다. 예를 들어 한 라인에 다섯 명이 어떤 일정량의 제품을 만드는 작업을 하고 있다고 가정하자. 이 라인의 생산량이 80%로 감소되면, 작업자 수는 4명으로 줄여야 한다. 수요가 20%로 감소되면 작업자의 수는 한 명으로 줄어들 것이다.

소인화는 인적자원을 조정하고 재배치하여 생산성을 향상시키는 것이다. 소인화 개념을 실현하기 위해서는 여러 가지 훈련을 두루 거친 숙련된 다기능 작업자의 확보가 전제조건이다. 개별 작업자의 입장에서 볼 때 소인화는 작업자에 대하여 사이클 타임이나 표준작업 편성의 수정, 작업내용의 변화에 따라 대응할 수 있는 능력을 갖출 것을 요구한다. 즉 작업자는 어떠한 공정에서 어떠한 작업이든지 할 수 있는 숙련 작업자가 되도록 훈련되어야 하는 것이다.

생산준비시간의 단축

생산준비시간, 또는 이를 비용으로 환산한 생산준비비용이 증가하면 경제적 생산량은 증가한다. 따라서 생산준비에 많은 시간이 소요된다면 수요에 맞추어 필요할 때마다 생산한다는 원리가 적용될 수 없다.

여유설비를 가지고 있을 때 생산준비비용(시간)은 아무 문제가 되지 못한다. 또한 생산준비비용을 간접비(overhead)로 처리하거나 고정비로 추후에 각 생산단위에 할당시킴으로써 실제 품목 1단위당 영향도 별로 크지 않다. 그러나 병목설비의 경우 생산준비시간의 절감은 곧 생산량 증대로 이어진다.

조직적으로 준비만 갖추어도 50% 이상 절감할 수 있다. 프레스기계로 몇가지 단순한 금속부속을 만드는 과정을 생각해보자. 먼저 원자재로 투입되는 철재의 규격에 변동이 많아 금형(die)의 선정에 상당한 시간이 걸린다. 결국 더 좋은 품질의 자재를 사용함으로써 비용은 증가했으나 폐기물이 줄어들고 금형 보수가 전보다 줄어들어 원자재 구입비용증가를 상쇄하고도 남았다. 그리고 특정 금형은 특정 프레스에 사용하기로 할당하고 언제나 쉽게 장착할 수 있도록 위치를 옮겨 놓았다. 또한 금형의 높이를 표준화하여 조정시간을 더욱 절감할 수 있었다.

90%이상의 절감을 위해서는 기계가 가동중지했을 때 생산준비를 할 수 있는 태세를 완비함으로써 가능하다. 그러나 이를 위해서는 다음 번에 무엇을 생산할 것인가가 확실히 알려져 있어야 한다. 이 문제는 스케줄의 안정성과

설비보수유지, 품질 등과 관계가 있다. 또한 각종 치공구가 잘 설계되어 있고 언제나 새 것같은 느낌이 들 정도로 잘 보수·유지되어 있어야만 실제 준비과정에서 이를 조정할 필요가 없어진다. 단지 설비와 기계를 겨우 조작할 수 있는 수준과 결함없는 신속한 생산준비를 할 수 있는 수준에는 엄청난 차이가 있다. 또한 각종 계기를 근처에 두어 생산준비를 담당한 사람이 첫 번째 것을 신속히 검사할 수 있도록 해야 한다. 만약 검사를 검사원이 하고 있다면 이를 조정하여 생산준비를 한 사람이 책임질 수 있도록 조정해야 한다. 또한 연습과 타이밍도 중요하다. 만약 같은 기계나 설비를 같은 생산품목에 맞추어 매주 생산준비를 한다면 그들은 곧 생산준비활동에 능숙해질 것이고 준비시간은 줄어들며 결과적으로는 표준화된 준비작업을 확립해 낼 수 있다.

생산스케줄의 평준화와 안정화

리드타임을 거의 무시할 만큼 줄이기 위해서는 수요의 발생패턴에 맞추어 공급할 수 있어야 한다. 그러나 종래에는 소비자가 매일 구매하더라도 최종조립은 한주에 1번씩 하고 중간조립이나 가공은 2주에 1번씩 하기 일쑤였다. 더구나 자재의 공급은 한달에 1번씩 하여 엄청난 재고를 쌓아 두곤 하였다. 결과적으로 자재공급업자의 공급사이클은 최종소비자의 구매사이클과 전혀 동시화를 이루지 못하고 있는 실정이다.

예를 들어 품목 A가 한주일에 8,000개, 품목 B가 6,000개, 품목 C가 4,000개 그리고 품목 D가 2,000개씩 팔린다면 구태여 A 8,000개, B 6,000개, C 4,000개, D 4,000개씩 대량으로 생산하여 재고로 가지고 있을 이유가 없다. 〈도표 4-4〉와 같이 매일매일 A 1,600개, B 1,200개, C 800개, D 400씩 생산하거나, 가능하다면 매시간 A 200개, B 150개, C 100개, D 50개씩 생산하는 것이 재고도 줄이고 리드타임도 줄이며 아울러 품질도 개선할 수 있는 계기가 된다. 만약 매시간 이 4품목을 골고루 생산한다면 〈도표 4-5〉와 같이 A에 30분, B에 15분, C와 D에 각각 7.5분을 할애하게 된다.

	1주 소요량 (주 5일 생산)	1일(8시간) 평균 소요량	시간당 소요량	생산소요시간
A	8,000	1,600	200	30분
B	6,000	1,200	150	15분
C	4,000	800	100	7.5분
D	2,000	400	50	7.5분

〈도표 4-4〉 생산스케줄의 평준화

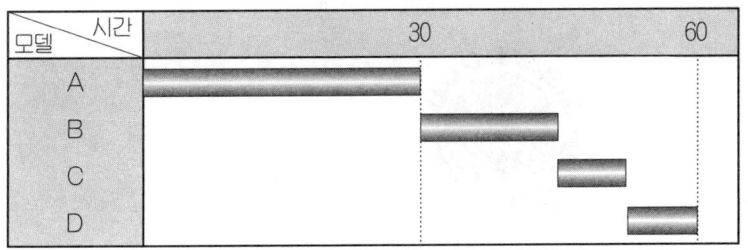

〈도표 4-5〉 생산소요시간의 예시

이처럼 혼류생산이 가능해지면 제품의 다양화와 수요의 급격한 변화에도 손쉽게 대처할 수 있으며 완제품재고도 현저히 줄일 수 있다. 물론 특정품목을 과잉생산하는 위험도 줄일 수 있다. 혼류생산을 통해 소비자 수요를 잘 반영해줄 수 있으면 품목생산에 필요한 다양한 자재와 부품도 안정적으로 투입·소비된다. 따라서 공급업체들도 안정적인 공급스케줄을 수립할 수 있어 재고와 원가절감을 기대할 수 있다.

이같은 혼합생산라인이 제대로 운영되기 위해서는 생산준비시간이 무시할 만큼 짧아야 한다. 이러한 접근방식은 제조공정내에서의 자재흐름을 원활히 하고 급박한 주문이나 재작업 등의 공정지연의 원인을 배제할 수 있게 해준다.

제품의 다양성에 대응하면서 생산을 평준화하면 여러 가지 이점이 있다. 첫째, 각 제품을 매일 소량씩 균등하게 만들기 때문에 월중에도 매일매일의 수요변동에 대해서 신속하게 대응할 수 있다. 둘째, 완제품 재고가 없어도 매일 고객의 주문에 대응할 수 있다. 셋째, 모든 공정이 사이클 타임에 따라 제품을 만들어가면 균형도 향상되고 공정간의 균형도 향상되고 공정간의 재공품 재고도 없어진다. 생산평준화를 실현하기 위해서는 각 제품을 신속하면서도 시의적절하게 생산하여야 하므로 생산 리드타임의 단축이 필요하다.

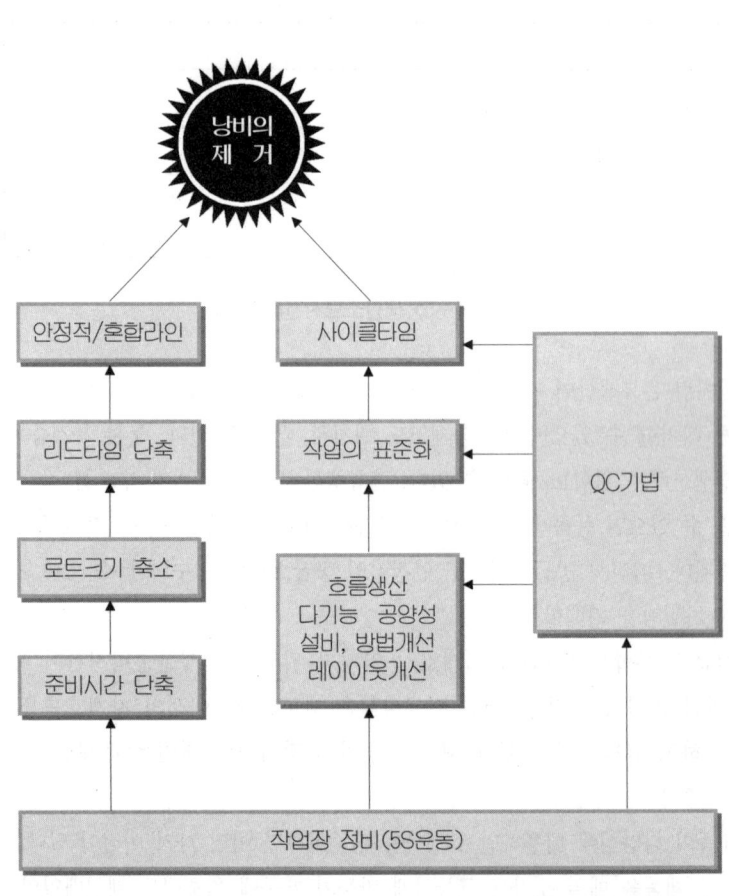

〈도표 4-6〉 리드타임 단축을 위한 제조현장의 혁신

TQM과 지속적 개선

JIT의 토대는 프로세스 개선을 통한 품질개선에 있다. 대개의 JIT기업은 TQM 프로그램를 도입한다. 품질불량은 곧 전체 라인의 기동중단을 가져온다. JIT가 효과적이기 위해서는 무엇보다도 품질이 완벽해야 한다. 또한 JIT에서 지속적 개선은 기본이다. JIT시스템의 주춧돌로서의 지속적 개선은 생산프로세스, 제품기술 등의 분야에서 수월성을 추구하고 끊임없이 작은 개선을 시도하는 것이다. 이 과정에서 현장기술자들의 적극적인 참여가 요구된다. 생산에 참여하지 않는 유휴시간이 생기면, 이를 곧 지속적 개선활동에 적절히 활용함으로써 개선을 가속화할 수 있다. 지금까지의 리드타임 단축을 위한 제조현장의 혁신 전략을 요약하면 〈도표 4-6〉과 같다.

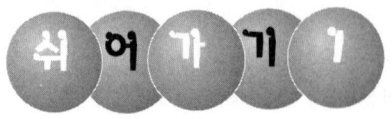

우리나라의 팀제 도입,
잘되고 있나

지식정보화사회에서 경쟁력의 핵심은 스피드다. 기술의 변화 속도가 하루가 다른 상황에서 신속하게 변화에 적응하고 고객의 요구를 즉시 반영하는 것이 경쟁력의 요체이기 때문이다.

앞으로는 '미래에 대한 예측능력'보다 '변화에 대한 대응능력'이 더 중요시될 것이다. 그러나 전통적 조직구조인 피라미드식 부·과제는 조직의 경직성 때문에 변화에 적절하게 대응할 수 없다. 관리측면에서 효율적인 조직형태이긴 하지만 고객의 수요에 신속하게 수용하지 못하는 단점이 있기 때문이다. 또 한번 생긴 조직을 없앤다는 것은 여간 힘든 일이 아니다.

이와 같은 수직적인 조직형태의 경직성을 개선하기 위해 수평적인 조직형태로서 팀제 도입이 확산되고 있다. 팀제는 "공동의 목표를 가진 사람들이 시너지 효과를 얻기 위해 만드는 유연한 조직"을 말한다. 팀제를 도입하면 10여개의 결재단계를 3~4개로 줄임으로써 신속한 의사결정을 할 수 있고 권한위임이 가능하다는 장점이 있다. 또 부서간 이기주의를 타파하고 전문가를 육성할 수 있으며 능력주의를 실현하는 계기가 되기도 한다.

우리 기업들은 팀제의 필요성을 인식하고 앞다퉈 도입했으나 대부분 "팀제의 형식만 빌리고 내용은 과거의 행

태를 답습하고 있다"는 비판을 받고 있다. 기존 부, 과라 는 명칭 대신에 팀자만 붙여서 조직의 모양만 바꾸었기 때문에 구성원들의 참여와 협력을 유도할 수 없어 효과 를 거두고 있지 못하고 있는 실정이다. 이러한 문제점은 "누구를 위한 팀제인가"에 대한 인식이 부족한 데서 발 생하고 있다.

사람은 근본적으로 변화를 싫어하는 속성이 있다. 수직 적인 조직이 수평적인 조직으로 변할 때 불편하게 느끼 는 계층이 생기기 때문이다. 팀제에서는 차장이 팀장이 되고 부장이 팀원이 되는 경우도 있다. 여기서 중간관리 자들이 상대적인 박탈감을 느끼고 보이지 않는 저항을 하기도 한다. 따라서 팀제를 성공적으로 도입하려면 팀 제에 대한 인식전환이 선행돼야 한다.

● 첫째 팀제 도입은 선택이 아니라 '필수'라는 점이 다. 팀제는 조직원을 위해서가 아니라 고객의 요구 에 의해서 도입되고 있다는 사실을 깨달아야 한다. 무한경쟁시대의 생존비결은 "고객은 항상 옳다"는 자세이기 때문에 팀제야말로 고객만족, 고객감동을 위해 필요한 조직인 셈이다.

● 둘째 상사의 권한이 위임돼야 한다. 기존 조직구조 는 명령과 통제 위주이기 때문에 권한이 상사에게 집중된다. 자연스럽게 부하직원들의 창의성을 기대 하기 어렵고 고객의 목소리는 멀어질 수밖에 없다. 고객 우선 경영을 위해서는 필요한 권한이 현장으 로 이동돼야 한다. 또 권한을 위임해야 책임을 물을

수 있는 것이다. 미국의 기업들은 1990년대 이후 경영혁신을 통해 팀제를 본격적으로 도입한 것이 경쟁력을 회복하는 계기가 됐다. 특히 권한위임과 주인의식을 바탕으로 한 '자율경영팀'을 운영함으로써 근로자들이 자기책임 아래 열심히 일할 수 있는 기업문화를 구축하는 데 성공했다.

● 셋째 구성원들의 의식이 전환돼야 한다. 팀이란 공동의 목표를 전제로 모인 조직이다. 그러므로 필요에 따라 '헤쳐 모여'가 가능한 조직이어야 한다. 팀이란 또한 일 중심으로 운영돼야 하기 때문에 직위에 연연해서는 안된다. 팀을 가장 잘 이해하고 이끌 수 있는 사람이 팀장이 돼야 한다. 때로는 과장이 팀장이 되고 부장이 팀원인 경우도 가능하다는 유연한 사고가 요구된다. 구성원들이 직위와 사람 중심에서 일 중심으로 의식을 전환하지 않으면 안된다. 또한 팀원들은 정보를 공유하는 노력을 해야 한다.

● 넷째 조직의 특성에 적합한 팀제를 도입해야 한다. 지금까지 기업에서 도입한 팀제의 유형은 문진형, 대부대과형, 프로젝트형, 복합기능형의 네 종류다. 기획, 인사, 관리부서는 문진형이 적합하고 공장과 판매조직은 대부대과형이 효과적이다. 연구사업 및 신규사업 조직에는 프로젝트형이 알맞고 첨단 신제품 개발을 위해서는 복합기능형 조직이 적합하다.

● 다섯째 중간관리자들이 결재권의 상실에서 발생하는 상대적인 박탈감을 해소할 수 있도록 능력개발

의 기회를 확대해 주어야 한다.

팀제의 성공은 운영의 묘를 어떻게 살리느냐에 따라 결정되기 때문에 새로운 리더십이 요구된다. 이제 리더십은 명령하고 통제하는 권위주의적, 지시적 리더십에서 탈피해 권한을 위임하고 자율을 존중하는 민주적, 참여적 리더십으로 전환돼야 한다.

「한국경제」 2000년 4월 25일

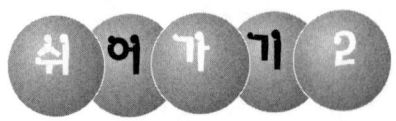

국내 제조업의 선진기법
도입 현황

한국능률협회 컨설팅은 99년 11월 국내 제조업에 관한 실태조사를 실시했다. 이번 조사에서는 과거에 수행한 경험이 있는 개선 및 혁신활동의 효과 정도를 측정했으며 현재 실행중인 프로그램의 유무와 향후에 중요할 것이라고 생각하는 혁신활동에 대한 폭넓은 조사를 실시했다.

전체 산업을 대상으로 했을 때 과거에 수행한 개선 및 혁신 프로그램 중 ISO 9000 인증 획득활동이 가장 효과가 큰 것으로 나타났다. 전체 응답자의 19%가 ISO 9000 활동을 꼽았다. 다음으로 5S(공장합리화)운동(16%)과 전사적 설비보전활동(TPM · 14%)이 뒤를 이었으며 기업차원에서 추진한 독자적인 혁신프로그램(9%)도 나름대로 효과적이었던 것으로 분석됐다. 현재 생산현장에서 가장 많이 수행되고 있는 개선 및 혁신활동은 5S운동이다. 5S운동은 과거 수행활동 경험상 효과도 클 뿐 아니라 향후에도 그 중요성이 매우 높을 것으로 많은 기업들이 응답했다.

5S운동은 공장 기초관리 활동으로 가장 기초적인 개선활동이 공장 전체의 체질을 개선하는 데 기반이 된다는 사실을 보여주고 있다. 특이한 점은 향후에 사내정보화 운동, 컴퓨터 통합생산 구축활동(CIM) 등 정보기술을 이용한 혁신활동이 중요하게 취급될 것이라는 점이다. 발전하는 정보기술을 이용한 혁신활동이 점차 중요해지고 있음을 알 수 있다.

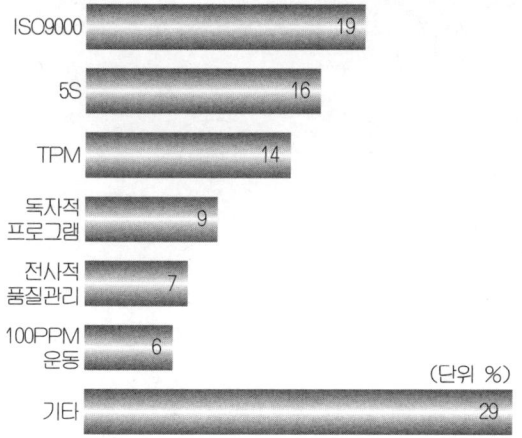

ISO9000   19

5S   16

TPM   14

독자적
프로그램   9

전사적
품질관리   7

100PPM
운동   6

(단위 %)

기타   29

◀〈도표 4-A〉
가장 효과가 큰
혁신활동의 순서

전 산업의 생산현장에서 **가장 많이** 수행하는 개선·혁
신활동은 공장합리화(5S)운동이다. 또한 ISO 9000인증
취득활동, 고객만족활동, 품질분임조활동, 전사적 품질관
리(TQM), 아웃소싱(외부조달) 강화활동 등이 현재 많이
수행되고 있음을 볼 수 있다. 과거에 가장 효과적이었던
혁신 프로그램으로는 ISO 9000 인증 취득활동을 꼽고
있으며 5S 운동, 전사적 설비보전활동(TPM)도 유력한
혁신활동으로 생각하고 있다. 국내 생산현장에서는 여전
히 품질을 가장 중요하게 여기는 것을 확인할 수 있다.
5S운동이 효과도 크고 널리 수행되는 운동이라는 사실을
생산부문 경영자가 깊이 인식하고 있는 것으로 나타났다.
아울러 한국생산현장에서 기초적인 공장관리활동조차 아
직 정착되지 못했다고 해석할 수도 있다. 업종별로도 효
과적인 혁신프로그램에는 큰 차이를 보이지 않았다.

「매일경제」 1999년 11월 19일

5. 린 생산체제의 구축
- 적시생산의 확장 -

앞장에서 살펴본 제조현장의 혁신은 대개 한정된 품목을 반복적으로 생산하는 전기, 전자, 자동차 회사에 주로 적용되어 왔던 것들이다. JIT시스템을 도입하기 위해서는 생산준비시간이 거의 무시할 만큼 작아야 하며 매일매일의 생산계획이 거의 일정한 수준을 유지할 수 있어야 한다. 아니면 여기 저기에 재공품재고와 안전재고가 쌓일 수밖에 없다.

다양한 품목을 소량으로 생산하는 기업들은 여기에 셀룰러 생산시스템을 도입하여 흐름생산체제를 구축하여 좀 더 적극적으로 리드타임을 줄이고자 노력해야 한다. 근본적으로 어떤 제품을 만들어 내든 간에 생산공정을 물 흐르듯이 연속적으로만 구축할 수 있다면 리드타임을 최소화할 수 있다. 다양한 품목을 번갈아 가면서 생산하거나 또는 고객의 주문에 기초하여 아주 특이한 제품들만을 생산하는 기업에서도 연속적인 흐름공정(continuous process flow)을 흉내낼 수 있다면 어느 한 부문에서 문제가 생기면 그 영향이 전체에 미치게 되므로 자발적인 참여와 주인의식을 북돋울 수 있고, 다음 공정이 나의 고객이라는 생각을 손쉽게 확산·정착시킬 수 있다.

셀룰러 시스템의 구축

연속흐름형 프로세스를 구축하기 위해서는 우선 레이아웃부터 바꾸는 것이 급선무이다. 주변에서 볼 수 있는 레이아웃은 대개 기능별 레이아웃이며, 일반 관리업무에서의 서류처리도 이같은 기능별 레이아웃을 벗어나지 못할 때가 많다. 기능별 레이아웃 하에서와 같이 동일한 기능을 하는 사람들을 한 부서에 묶어두게 되면 자연히 1회 생산량 즉 뱃취의 크기는 커지게 된다. 기능별 레이아웃이나 부문간의 벽이 두터울 때에는 하나 하나씩 처리하여 다음 부서나 공정으로 넘기기보다는 한꺼번에 모아 처리하고자 하는 경향이 있다.

같은 종류의 기계들을 한 자리에 설치하는 기능별 배치 하에서는 아무리 최적 배치를 하더라도 상당한 거리를 이동한다. 불필요한 이동거리를 줄일 수 있는 가장 좋은 방법은 가능한한 한 곳에서 모든 필요한 작업을 다 끝내는 것이다. 서로 비슷한 작업공정을 거치는 품목들을 하나의 그룹으로 묶어 이들을 생산해낼 수 있는 기계들을 한 곳에 모아 셀형태로 조직하면 이동거리는 엄청나게 준다. 공정의 순서에 따라 자연스럽게 이동함으로써 자재흐름은 물론 다음 공정이 무엇이냐에 대한 혼란도 줄어들고 이 작업이 끝나면 어디로 옮겨지냐를 생각할 필요도 없다. 작업장들이 서로 가까이 위치함으로써 리드타임도 현저히 줄어든다.

특정 기능에 배정되기 보다는 특정품목그룹에 배정되므로 전체의 입장에서 생각하는 습관을 들일 수 있다. 기본적으로 셀형태의 작업장에서는 작업자들의 다기능이 요구된다. 또 한 명의 작업자가 여러 기계를 동시에 운영할 수 있도록 단순화하고 통합하고 개선한다. 물론 셀을 구성하는 설비 중에는 생산능력을 다 쓰지 못하는 것들도 있을 수 있다. 기계가 비쌀 경우에는 특히 더 문제가 되므로 셀조직 하에서는 가급적 비싼 기계는 피하는 것이 낫다. 설비가 동률의 저하는 노동생산성의 향상으로 충분히 커버할 수 있다. 추가로 필요한 투자는 작업자 시간의 효율적 사용과 생산성 향상으로 충분하다.

이처럼 셀은 제조공정을 통합화할 수 있는 좋은 도구이자 생산현장의 개선도구로서 지나친 자금과 기술적 부담을 주지도 않는다. 셀은 신축성향상과 대응시간의 단축에 일조를 할 수 있는 도구이다. 과거에는 사이클시간의 단축은 규모의 경제와 전용설비로만 가능하다고 생각했었다. 그러나 다양한 품목을 신속히 생산하기 위한 필요성이 증대되면서 셀의 개념이 더욱 부각되었다. 셀은 그 자체가 고객, 납품업자, 경영진과의 확실한 접촉점으로 업무나 책임의 한계와 구분이 뚜렷하며, 분권화로 자치적, 독립적인 관리가 정착된다.

그렇다면 왜 이렇게 많은 긍정적인 효과를 가져올 수 있는 셀의 개념이 폭넓게 응용되지 못하고 있는가? 우선 처음부터 셀형태로 작업장을 구축할 생각이 없었다면 기존의 공장을 셀로 바꾸기는 쉽지 않다. 제품과 공정의 설계는 물론 설비의 구입도 셀을 염두에 두지 않았으며 각각의 작업도 독자적으로 설계되어 셀로 구성되어 한명의 작업자가 여러 작업을 동시에 수행하기에 쉽지 않은 경우도 많다.

기계설비의 경우 그 자체의 장단점을 기준으로 하여 도입되었다. 따라서 어떤 것들은 빠르고 어떤 것들은 느리며 어떤 곳들은 쉽게 보수·유지가 되나 어떤 것들은 고장이 잘 난다. 같은 셀안에 배치가 되더라도 서로 생산속도가 달라 원활한 작업흐름을 유지하지 못하는 경우가 많으며 보수·유지가 상대적으로 쉽지 않은 기계가 섞여 있는 경우 셀전체의 가동률이 떨어진다. 더우기 속도가 빠른 기계와 느린 기계가 같은 셀안에 있거나 기계의 가동속도에 비해 제품의 생산요구량이 현저히 낮을 경우 기계 하나하나만을 본다면 극히 생산성이 낮게 보일 수도 있다. 비싸지만 속도가 빠른 기계를 갖추어 놓고서도 제 속도를 내서 생산을 하지 못하는 경우 극히 비효율적인 것으로 보일 수 있다. 이런 점들을 감안하면 셀을 중심으로 하는 조직은 극히 비효율적으로 보일 수 있다. 그러나 셀안에 여러 기계들을 하나의 그룹으로 구성해 놓음으로 인해 절약할 수 있는 각종 간접비용은 단기적으로는 금방 나타나지 않고 쉽게 눈에 들어오지도 않지만 누적적인 효과는 기계의 비효율적 사용으로 인한 단기적인 손실을 훨씬 넘어선다.

기능별 시스템   셀 시스템

〈그림 5-1〉 셀시스템의 효과

지속적 개선을 유도하는 셀시스템

각 셀은 비교적 제한된 범위의 제품만을 생산한다. 이에 따라 기계의 생산준비시간을 더욱 짧게 줄이기 위한 노력을 집중하기가 더 쉬워진다. 또한 셀내의 기계 사이 거리가 짧아 이동로트의 크기를 더욱 작게 할 수 있으며 다기능 기술자들이 팀으로 작업함에 따라 품질과 프로세스 개선이 더욱 손쉬워진다. 구체적으로 셀의 기대효과를 정리하면 다음과 같다.

- 각 작업자는 바로 옆에 있는 다음 작업자가 요구한 만큼만 생산하므로 혼란이 일어 날 수가 없다. 결국 스케줄의 의미가 퇴색된다.
- 재고가 줄어들며 품질개선의 기회도 늘어난다. 또 신속한 피이드백이 가능해지고 의사소통도 원활해진다.
- 서로 가까이에 연결되어 있으므로 작업자 자신이 검사하고 수정하고 확인한다. 이전에 비해 개별 작업자가 스스로 해결하는 문제의 범위가 넓어진다.
- 로트의 크기는 점점 더 작아지게 되고 리드타임도 더욱 짧아진다. 로트의 크기축소와 지속적 개선활동은 품질에 엄청난 영향을 미친다. 어느 조사에 의하면 로트의 크기 축소율와 불량품 축소율은 거의 같다고 한다. 가령 로트의 크기가 50% 줄면 불량품도 50% 준다는 것이다.[※]

> ※ R.A. Inman, "The Impact of Lot-Size Reduction on Quality," *Production and Inventory Management*, Vol. 35, No. 1, 1994, pp. 5-7.

U자형 셀

U-라인이란 셀을 구성하는 기계들을 영문알파벳 U자 형태로 배열한 것을 말한다. 작업의 흐름은 U자의 한쪽 끝에서 시작하여 다른 쪽 끝에서 종료한다. 특히 가공하고자 하는 자재의 크기가 작아 손으로 옮기기 쉽고 작업자가 손쉽게 가동할 수 있는 작은 규모의 기계들로 구성되어 있을 때 U-라인은 효과가 크다. U자형 셀의 장점을 살펴보면 다음과 같다.

- 셀이 U자 모양으로 생기면 한명이 셀내의 여러 기계를 동시에 관할할 수

있다. 〈도표 5-1〉에서와 같이 서로 인접해 있는 기계들을 책임질 수도 있고 앞뒤에 위치한 기계들을 다룰 수도 있다. 수요가 증가하더라도 작업자를 더 배정하여 담당할 기계수를 줄이면 된다. 즉 생산라인의 균형을 도모하기 쉽다.

- 직선형일 때보다 서로 가까이 위치하게 되므로 불량이 생기더라도 손쉽게 되돌려 재작업을 할 수 있다.
- 직선으로 되어 있을 때보다 훨씬 쉽게 가로 질러 이동할 수 있으며 U자의 중심에서 필요한 자재나 부품, 도구를 바로 건네주기 쉽기 때문에 불필요한 움직임을 줄일 수 있다. 즉 자재의 처리와 취급이 단순화되고 쉽다.
- U자모양으로 셀이 구성되면 직선형일 때보다 팀의 느낌이 더 생긴다. 이처럼 셀안에서는 내 작업, 네 작업의 개념이 상대적으로 줄어들고 불량문제도 신속히 처리할 수 있으며 서로 하는 일을 바꾸어 함으로써 여러 기술도 익힐 기회를 제공한다. 또 작업자들이 서로 도울 수 있어 생산공정의 신축성이 높다. 다양한 작업을 맡도록 함으로써 지루함을 덜어줄 수 있다.

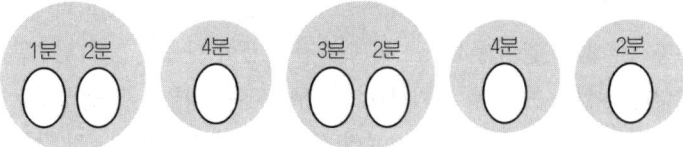

(a) 직선형 배치에서의 균형 : 사이클시간=5분

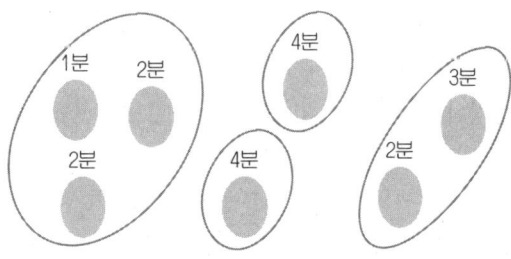

(b) U자형 배치에서의 균형 : 사이클시간=5분

〈도표 5-1〉 직선형과 U자형 배치의 비교

U자형 라인배치 공정에서는 이른바 당기기 방식(pull system)이 가능하다. 이는 제품 한 단위가 출구에서 떠나면 한 단위의 재료가 공정의 입구에 투입되기 때문이다. 출구와 입구의 작업이 동일한 작업자에 의해 이루어지도록 할 수 있으므로 라인내의 재공품 수량은 항상 일정하게 유지된다. 또한 각 기계마다 재공품을 표준 보유량만 유지하게 함으로써 작업자간의 작업 불균형이 눈에 드러나게 되어 공정의 개선이 촉구된다.

어떤 기업들은 최종조립라인만 셀로 구축하고서는 만족하기도 한다. 그러나 조립에 필요한 부품생산을 뱃취스타일로 하여 상당한 재고를 보유하면 셀생산체제의 도입의미가 거의 퇴색되고 만다. 결과적으로 상당히 많은 품목들의 생산을 예측에 의존하며 이는 결국 생산계획상의 오류를 조장한다.

생산라인의 동기화

대기시간은 각 공정의 재공품이 가공과 조립을 시작하기 전에 기다리고 있는 가공 전 대기시간이거나, 생산이 완료된 물품이 다음 공정에 인수될 때까지 기다리고 있는 가공 후 대기시간으로 구성된다. 이들은 모두 공정간에 동기화(synchronization)되지 않음으로써 생기는 현상이다. 밀어내기 방식(push system)에서는 앞 공정의 로트 크기가 크면 다음 후속공정이 기다리는 경우가 있다. 당기기 방식(pull system)에서는 반대로 선행공정이 정지하거나 재개하는 것이 반복된다.

따라서 대기시간을 단축하는 데에는 무엇보다도 라인의 동기화가 달성되어야 한다. 즉 각 공정의 생산량과 소요시간이 같지 않으면 안된다. 사이클 타임은 조립라인의 모든 공정간에 같아야 하지만, 각 공정의 실제 작업시간은 작업자의 기능과 능력이 조금씩 다르기 때문에 약간 차이가 난다. 이러한 차이를 최소화하기 위해 작업이나 작업순서를 표준화시키는 것이 매우 중요하기 때문에 현장감독자나 직장(職長)은 표준 작업순서를 확실히 숙달하도록 작업자들을 훈련시켜야 한다.

로트의 분할

로트의 크기는 작을수록 좋다. 가장 이상적인 로트크기는 Q=1이다. 로트의 크기 즉 일회생산량이 필요 이상으로 크면 다음과 같은 부작용을 일으킨다.

- 모든 품목들의 로트크기가 크다면 작업장마다 상당시간을 대기해야만 그 품목의 작업을 시작할 수 있다. 따라서 새로운 주문이 들어 오더라도 기존 품목들의 로트크기가 크기 때문에 상당한 시간을 기다려야만 작업에 들어 갈 수 있어 리드타임은 길 수 밖에 없다.
- 로트크기가 크면 작업도중에는 발견하지 못했던 불량부위가 나중에 발견되었을 때 상대적으로 많은 손실을 초래한다. 그뿐만 아니라 불량의 원인도 시간이 지체되어 찾기 힘들어진다.

이에 반해 로트의 크기를 줄이면 다음과 같은 효과가 있다.

- 짧은 시간내에 모두 소진되므로 불량품이 섞여 있더라도 신속히 색출된다. 결과적으로 문제의 근원이 사라지기 전에 신속히 그 원인을 파악할 수 있으며 재작업이나 폐기처리되는 물량이 준다.
- 재고를 보관할 공간이 줄어들어 작업장과 작업장간의 간격이 줄어든다. 이는 곧 이동시간을 줄여준다.
- 긴급한 주문이 들어오더라도 신속히 처리할 수 있다.

물론 물건을 하나씩 다루지 않고 한꺼번에 많은 양을 처리하는 이유, 즉 뱃치로 처리하는 이유는 두 가지이다. 첫째 생산준비시간을 줄이기 위해서이다. 유사한 품목들을 묶어 한꺼번에 처리하면 생산준비를 자주 할 필요가 없으며 결과적으로 생산능력이 늘어난다. 둘째, 자재처리를 손쉽게 하기 위해서이다. 작업장 사이를 이동할 때 한꺼번에 많이 가지고 가는 것이 효율적이다. 한번에 3000개를 생산할 때 한 작업장에서 그 다음 작업장으로 3개씩 가지고 가는 것보다는 한번에 30개씩 가지고 가면 이동회수를 10%로 줄일 수 있다. 따라서 로트에도 다음과 같은 2가지 유형이 있다.

● 가공로트(process lot) : 일반적인 로트의 의미와 일치한다. 즉 생산준비가 끝난 뒤 다음 번 생산준비를 할 때까지 생산하는 수량을 말한다.
● 이동로트(transfer lot) : 한 작업장에서 그 다음 작업장으로 이동할 때의 수량이다.

예를 들어 A라는 부품의 로트의 크기가 100개라면 일단 생산준비가 끝나면 100개를 생산하고서야 다른 부품을 생산하게 된다. 이 때 100개는 가공로트이다. 그러나 100개의 가공이 모두 끝난 뒤 한꺼번에 다음 작업장으로 이동할 이유는 없다. 경우에 따라서는 50개의 가공이 끝나면 우선 이 50개만 다음 작업장으로 이동하고 나중에 나머지 50개를 옮겨와도 된다. 이 경우 50개는 이동로트가 된다. 즉 가공로트는 그냥 두더라도 이동로트의 크기를 줄이면 리드타임은 대폭 줄어든다. 전통적으로 가공로트와 이동로트는 같은 것으로 간주했으나 반드시 그럴 이유는 없다. 생산준비시간이 매우 길지만 작업장과 작업장간의 거리가 짧을 때에는 가공로트는 크게 하지만 이동로트는 작게 함으로써 리드타임을 단축할 수 있다. 이런 관행을 로트분할(lot splitting)이라 부른다.

일반적으로 두개 이상의 작업장을 거쳐 가는 품목의 경우 미리 계획한 로트의 수량만큼 작업이 완료되지 않으면 그 다음 작업장으로 옮기지 않는다. 계획한 로트만큼 끝나야 한꺼번에 이동한다. 그러나 첫번째 작업장에서 로트의 일부를 처리하자마자 다음 작업장으로 이동하여 두번째 작업을 미리 시작할 수도 있다. 이렇게 함으로써 이동회수는 늘어나지만 리드타임은 상당히 줄일 수 있다. 즉 각 작업장에서의 로트의 크기는 변함이 없지만 작업장간의 이동로트의 크기는 작아진다.

가장 이상적인 이동로트의 크기도 1이다. 가공로트가 600개일지라도 한 개의 제품이 완성되면 그 제품을 즉시 후속공정에 보낼 때 이동로트는 1개이다. 예를 들어 〈도표 5-2〉에서와 같이 세가지 작업공정을 거쳐야 제품이 완성된다고 하자. 각 공정에서 제품 한 단위를 가공하는 데 1분이 소요된다면 제품 한 단위는 세 공정을 통과하기 위해 3분이 걸린다. 따라서 600개를 생산해야 한다면 한 공정에서 600분, 즉 10시간이 소요되며, 이 가공로트가 세 공정을 로트단위로 통과하는 데는 30시간이 걸린다.

그러나 각 제품이 선행공정에서 처리된 후 즉시 다음 공정에 보내진다면 공정 2와 3은 공정 1과 동일한 시간에 작업이 이루어진다. 공정 1이 첫 번째 것을 처리하는 동안 공정 2는 1분만 기다리면 된다. 공정 2가 첫 번째 것을 처리하는 동안 공정 3은 기다려야 하나 이 역시 단 1분에 그친다. 그러므로 세 공정을 통하여 600단위를 생산하는 데 필요한 전체 시간은 (600분+1분+1분) =602분이다. 그러나 공정 1과 2가 각각 재고 1단위(완성된 부품)씩을 갖고 있다면 앞에서 말한 대기시간 각 1분은 사라진다. 따라서 새 공정에서 제품 600단위를 생산하는 데 단지 600분만 소비하면 된다.

〈도표 5-2〉는 가공로트의 크기를 100으로 하고 각 공정별 작업시간을 1분으로 설정한 경우 이동로트의 크기가 리드타임에 미치는 영향을 예시한 것이다. 작업공정이 2개일 때 이동로트의 크기가 2이면 리드타임은 102분이고 이동로트의 크기가 8이면 리드타임은 108분으로 증가한다.

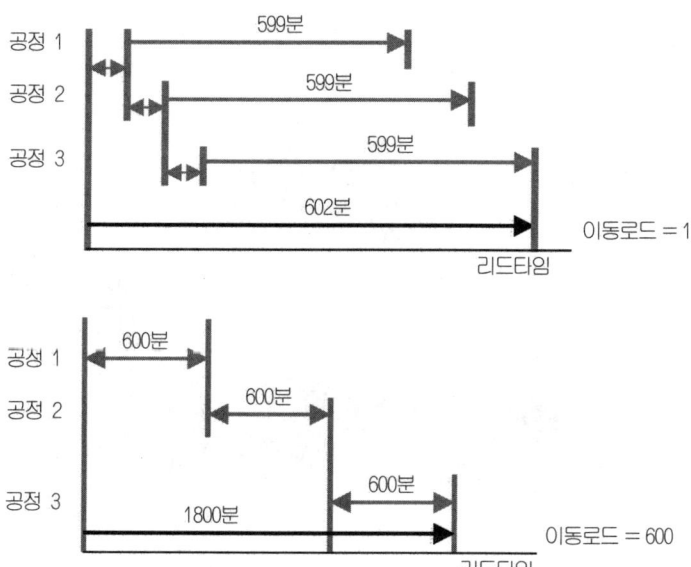

〈도표 5-2〉 이동로트의 축소를 통한 리드타임 단축

셀시스템하에서의 스케줄링

기능별 조직하에서는 어느 공정을 마쳤는지, 어디에 있는지 알 수가 없었기 때문에 이것들을 추적할 스케줄링시스템이 필요하였다. 그러나 셀시스템하에서는 각 기계에 대한 스케줄을 구축할 필요가 없다. 일단 셀에 배정되면 그것으로 끝이다. 누가 어느 기계를 이용해서 어떻게 하든 납기내에만 완성하면 그 뿐이다. 회사의 생산관리시스템은 각 품목의 납품스케줄, 셀간의 이동과 배정, 자재의 주문과 할당 등을 고려하면 된다.

복잡한 스케줄링 시스템을 구축한다 하더라도 자재부족, 기계고장, 긴급주문의 우선 처리 등과 같은 일들이 발생하면 컴퓨터에서 나온 결과는 아무런 의미가 없다. 결과적으로 비공식적 시스템에 의존할 수밖에 없게 된다. 작업자들은 이런 공식적 시스템을 더욱 무시하게 된다. 이에 반해 셀안에서는 작업자들이 직접 매뉴얼로 스케줄을 구축하며 복잡한 스케줄의 도출도 불필요하다. 더구나 셀은 리드타임을 줄이고 공급스케줄을 문제없이 맞추어 줌에 따라 간접비 비율도 낮아진다.

〈그림 5-2〉 셀시스템과 리드타임

병목공정

열처리나 표면처리와 같이 큰 단독설비를 요하는 처리과정이나 하청을 주었던 공정은 셀 구축시 다소간 문제가 된다. 새로운 처리방법을 도입한다든지, 새로운 자재, 기존 처리방식의 통합이나 디자인 개선을 통한 처리공정의 단순화 등을 모색해 보아야 한다.

예를 들어 캐스팅(casting) 대신에 긴급한 주문은 막대바를 이용할 수 있으며, 멀리 떨어져 있는 도색공정을 이용하기 보다는 약간 비용이 더 들더라도 아예 도색이 되어 있는 파트를 이용할 수도 있다. 또 비용을 줄이기 위해 멀리 있는 작업장에 보내어 드릴링 공정을 처리하느니 비용은 더 들더라도 셀내에서 보링 공정을 추가하여 마무리지을 수도 있다. 먼 곳의 작업장은 이동시간, 대기시간, 자재운반비용 등을 감안하면 별로 싼 것이 없을 수도 있다. 기존의 사고에서 벗어나 시간베이스적 사고로의 전환이 필요하다.

셀과 관련된 여러 걱정거리

셀의 도입은 여러 가지 혜택을 가져다 준다. 그럼에도 불구하고 실제 도입과정에서 여러 가지 문제와 어려움이 등장한다. 이런 요소들이 셀의 도입을 더디게 하고 변화를 무서워하는 많은 사람들에게 좋은 변명거리를 제공한다. 가령 다음과 같은 걱정을 할 수도 있다.*

*Suri, R. Quirk Response Manufacturing : a Companywide Approach to Reducing Leadtime, Productivity Press, Portland, OR, 1998, pp. 119 125.

● 셀에 몰아넣으면 설비의 가동률이 떨어지고 또 신축성이 저하되지 않을까?

● 다기능공들은 전문화된 단기능공들보다 생산성이 떨어지지 않을까?

● 감독자들은 어떻게 되나?

● 다기능공은 임금을 더 주어야 하고 가동률이 떨어지면 원가는 상승할

텐데?

● 열처리 공정처럼 셀 밖에서 처리될 수 밖에 없는 작업들은 어떻게 하나?

　셀을 구축하여 운영하였더니 기대했던 대로 품질과 리드타임이 50%나 개선되어 셀의 가동율은 이전보다 25%가 줄어들어 평균 65%의 가동률을 보이고 있다고 하자. 가동률이 100%에 가깝지는 않아 놀고 있는 시간이 많지만 리드타임 축소로 고객만족은 이전보다 훨씬 상승하였으며 생산능력이 25% 이상 늘어났다는 사실은 지나쳐 버리고 있다. 만약 가동률을 높이기 위해 아무 관련없는 다른 품목들의 주문을 추가하기 시작한다면 셀의 기본 원리는 퇴색되고 만다. 단순히 가동률을 높이기 위해 셀에 할당된 원래의 품목들과 관계없는 품목들의 처리요구가 들이닥치게 되면 셀의 일부만 이들 품목들이 사용하게 되어 원래 셀에 배정된 품목들은 이동 및 대기시간이 급증하고 재공품재고의 증가로 인해 리드타임이 늘어난다. 결국 이를 만회하기 위해 1회 생산량이 늘어나면 모든 것이 다시 원상태로 되돌아가 버린다. 즉 가동률을 높이기 위해 일부 기계들을 전혀 엉뚱한 품목에의 생산으로 전용하면 이들 품목을 위한 생산준비시간이 늘어나게 되고 이를 만회하기 위해 로트크기가 커지면서 원래 주인이었던 품목들의 처리도 같이 휩싸여 버린다. 셀이 미니형 기능별조직이 되어 버리고 셀이 가지고 있던 통합적인 성격을 상실한다. 효율성이라는 목표 때문에 여러 가지 셀의 장점을 포기하게 된 것이다.

　셀의 등장은 조직구조를 수평적으로 만들어버려 결과적으로 지시하거나 체크하는 부문을 축소시키는 것은 사실이다. 이런 이유로 인해 감독의 위치에 있는 기술자들이 셀의 구축에 갖가지 구구한 이유를 대면서 도입의 타당성을 퇴색시키고자 하는 경향이 있다. 그러나 이들 감독자들은 이제 지원자, 코치로서 셀에서 발생할 수 있는 품질문제와 기술적인 문제에 대한 자문역할을 하도록 유도하며, 일부는 직접 셀에서 생산을 담당하도록 해야 할 것이다. 특히 매우 정교한 제품을 생산하거나 기계가 매우 복잡한 셀에 배정하여 이들의 고급 노하우를 발휘하도록 격려해야 한다. 물론 이들 중 일부는 사무실에서 기술관련업무를 담당하도록 할 수도 있다. 아무래도 셀시스템에서는 감독이나 체크, 점검만 하는 사람의 숫자는 줄어들 수밖에 없다.

전통적인 기능별 레이아웃에서는 자원을 통합해서 쓸 수 있고 개별 품목들의 수요변동도 원활하게 대처할 수 있어 신축성이 높다. 이와 대조적으로 셀에서는 셀의 생산능력을 뛰어넘는 급작스러운 수요의 발생이나 혹은 수요의 급박한 저하, 또는 제품디자인의 변경으로 기존 셀설비의 변경이나 일부 제거가 불가피한 경우 신축성을 상실할 수도 있다. 이런 면들을 고려하면 셀은 매우 위험이 높은 투자일 수도 있다. 이런 가능성에 대비하여 셀의 기술인력들을 신축성 있게 운영하여 작업로드에 따라 다른 셀로 이동할 수도 있도록 한다. 또한 필요에 따라 셀을 재구축할 수 있도록 신축성 있게 모든 것을 준비하는 것이 바람직하다. 가령, 기계와 기계를 연결하는 트랜스퍼 장비나 전기연결선, 각종 유티리티 연결고리를 떼고 붙이기를 손쉽게 할 수 있도록 하고 셀의 구축공간도 어느 정도 축소·확대가 되도록 설정하는 것이 필요하다.

한편 셀의 경제성을 추정할 때에는 셀의 도입으로 인한 리드타임 단축 그리고 이로 인한 서비스 개선, 품질개선(폐기물 비용 절감)으로 인한 원자재비용 절감, 자재 처리활동의 축소, 스케줄링, 급박한 주문처리 빈도수의 감소, 재작업시간 감소 등으로 인한 현격한 간접비용 절감분 등이 반영되어야 한다. 물론 이로 인한 수요의 증대도 감안하여야 한다.

특히 전통적인 직접노무비나 기계사용시간을 토대로 한 간접비 배분은 셀의 도입효과를 전혀 반영하지 못한다. 오히려 예전에는 간접부문에 속해 있던 생산준비, 자재처리, 검사활동들이 셀안의 직접 작업활동으로 변함에 따라 직접노무비나 직접노무시간은 더 늘어날 수도 있다. 따라서 직접노동시간을 근거로 한 간접비 배분은 셀의 도입타당성을 뒷받침하지 못한다.

제조현장과 사무관리직에의 셀개념 적용으로 인력이 절감되었다고 그것으로 끝나서는 곤란하다. 단지 사람수를 줄여 이익을 더 올리기 위한 전략은 실패하고 만다. 한번은 성공하겠지만 그 상태를 유지하는 것은 불가능하다. 한 명이라도 자리를 잃게 되면 개선은 곧 멈출 수밖에 없다. 결국 성장전략이 뒷받침해야 한다. 남는 인원들을 쓰기 위해 신제품개발속도를 높이고 시장점유율을 높이기 위해 가격을 할인할 수도 있다. 리드타임을 단축하고 고객의 요구를 더 잘 반영함으로써 매출을 증대시킬 수 있다. 또 어떤 기업들은 유통 및 물류부문의 서비스를 추가하여 부가가치를 증대시키는 데 사람들을 쓸 수 있다. 또는 외주로 주던 상류부문의 생산과정을 끌어들여 셀생산의 폭을 넓힐 수 있다. 이 모두가 남는 사람들을 효과적으로 챙기기 위한 전략이 될 수 있다. 그러면 남은 사람으로 무엇을 해야 하나? 만약 이들을 쓸 수 있는 방법이 없다면 누구도 혁신과 개혁에 동참하지 않을 것이다.

셀로 구축할 품목그룹의 선택

셀의 기대효과가 크다고 해서 아무 품목이나 무작정 셀로 구축할 수는 없다. 모든 전략이 그렇듯이 우선 소비자 니즈부터 파악해야 한다.*

*Kirton, J., and E. Brooks, Cells in Industry, McGraw-Hill, 1994 참고

우선 어떤 고객들을 대상으로 할 것인가부터 결정해야 한다. 보다 짧은 리드타임을 요구하는 수요층이 있는가? 납기가 지연된다고 계속 불평을 토로하는 고객이 있는가? 리드타임 때문에 경쟁업체에게 고객을 빼앗기고 있는 품목들이 있는가? 물론 이 경우 소비자는 회사 밖의 소비자만을 지칭하는 것은 아니다. 회사내에도 내적인 소비자는 여기에 해당된다. 가급적 아주 형편없는 성과를 내고 있는 곳에서 시작하여 최고경영자의 관심을 끌 수 있으면 더욱 좋을 것이다. 또한 리드타임 자체가 별로 문제가 되지 않는 품목이 있을 수도 있다. 이런 품목들을 대상으로 셀을 구축해 보았자 전략적으로 큰 도움은 되지 않을 것이다.

또 하나 중요한 포인트는 리드타임이 줄어들고 품질이 개선되면 반드시 수요가 증가해야 한다는 것이다. 이것은 마케팅부문이 나서야 할 일이다. 리드타임 단축이라는 전략적 이점을 최대로 살려 고객들을 유치해 와야 할 것이다. 그렇지 않으면 셀구축으로 인한 개선의 효과가 단지 불필요한 인원의 축소로 이어지고 말아 추후 다른 부문에서 셀을 도입하고자 하는 경우 심한 반대에 부딪힐 가능성이 높고 셀에 대해 회의적인 생각을 가지고 있는 많은 사람들을 설득하기 힘들어지기 때문이다.

어떤 기업들은 최종조립라인만 셀로 구축하고서는 만족한다. 부품생산은 이전처럼 뱃취로 하는 경우 어쩔 수 없이 5-6주분의 재고를 보유할 수 밖에 없다. 이 경우 리드타임의 축소는 가능하겠지만 코스트측면에서는 별 차이가 없다. 결과적으로 부품생산은 예측에 의존하며 오류에 대한 준비를 갖출 수밖에 없다.

일단 시작했으면 쓸데 없이 장시간 계획을 수립하거나 자료준비 등으로 긴 시간을 낭비하지 말아야 한다. 아마도 한 두주면 충분할 것이다. 잘 알지도 못하는 시뮬레이션을 통해 what-if 분석 따위도 할 필요가 없을 것이다. 남들은 어떻게 했는지 알아볼 필요도 없다. 이런 것들은 신속히 하기 싫어하는 사람들이 즐겨 쓰는 방식이다.

근본적으로 코스트를 줄이고 리드타임을 축소하여 신제품개발시간이 엄청나게 단축되면 비즈니스는 전혀 달라 보일 수 밖에 없다. 설사 특정사업부문에 큰 문제가 있다 하더라도 리드타임 단축을 위한 노력이 그 상태를 더 나쁘게 하지는 않을 것이다. 그러나 일단 시작했는데 1,2주 사이에 획기적인 결과가 나오지 않으면 무엇인가 잘못된 것이다. 최소한 50%이상의 리드타임 단축, 재공품의 90% 단축 등이 보여야 한다. 구체적인 개선결과가 나오면 회사내의 다른 부문들을 초대하여 개선사례를 발표할 수도 있다.

셀이 구축되고 전체적인 생산 프로세스가 흐름생산으로 변모되었으면 그 다음 차례는 자재나 부품의 주문에 관련된 부문이다. 그 다음에는 판매, 주문접수, 스케줄링 및 물류 부문이며 마지막이 품목그룹별 제품개발 프로세스일 것이다.

〈그림 5-3〉 리드타임 다이어트

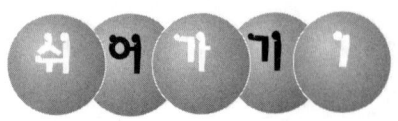

생산라인의 구조조정

경기침체에 따른 소비위축 및 소비자 니즈의 세분화 추세를 반영하면서 공장의 생산라인이 바뀌고 있다. 대량생산의 상징인 일(一)자형 컨베이어벨트 라인이 서서히 퇴조하고 그 자리를 셀라인, 혼류생산라인, 이동라인, U자라인, 병렬라인 등 새로운 형태의 변형라인이 채우고 있다. 말하자면 생산라인의 구조조정이다. 변형라인은 품목과 모델이 많은 전자제품 공장에 특히 많이 도입되고 있다. 삼성전자 수원공장이나 LG전자 구미공장의 경우 제품별로 라인의 형태가 다를 정도다. 삼성전자 관계자는 "IMF체제이후 수요 자체가 크게 줄어 대량생산체제를 유지할 수 없는데다 소비자 욕구 또한 연령별 지역별 계층별로 다양화하는 추세여서 생산시스템을 조정할 수밖에 없는 상황"이라고 말했다. "일자형라인으로는 생산성을 높이는 데 한계가 있다"고 덧붙였다.

● 셀라인 : 가장 널리 보급된 변형라인으로 하나의 독립된 셀(cell)에서 조립과 포장 등 공정을 완료하는 방식이다. 수시로 생산제품의 모델을 바꾸는게 가능하기 때문에 모델이 많은 제품생산에 주로 사용된다. 삼성전자는 전자레인지(수원)공장을 비롯 냉장고(광주), 에어컨(수원), TV(수원), 청소기(광주) 공장을 이 라인으로 바꾸었다. LG전자는 구미 TV 공장에, 대우전자는 TV, VTR(구미), 청소기(광주),

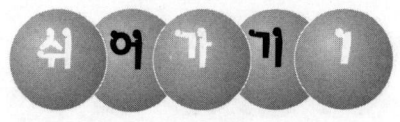

전자레인지(광주) 공장에 도입했다. 하나의 셀에는
1~10명의 작업자가 배치된다. 작업자의 숙련도가
높아야 한다는 단점이 있긴 하나 한가지 동작만 반
복하는 일자형 라인보다 작업자의 만족도가 높다.
따라서 생산성도 높다. LG전자는 TV조립라인을 셀
라인으로 바꾼 결과 생산성이 50% 가까이 향상됐
다고 밝혔다.

● 혼류생산 : 일자라인에서 여러 모델을 생산하는 일종
의 시간차 생산라인이다. 예를 들어 A라는 모델을
생산하다 2시간후에 B모델로 품목을 바꾸고 또 일
정시간 뒤에는 C모델로 바꾸는 식이다. 혼류생산을
위해서는 부품의 재고비용을 획기적으로 절감할 수
있다는 게 장점인 데, 이를 위해서는 협력업체로부
터 부품이 정시에 공급돼야 한다. 삼성(광주)과 LG
(창원)가 냉장고 생산에 적용하고 있는데 LG의 창
원 냉장고공장은 혼류라인으로 제품이 생산에서부
터 고객에게 전달되기까지 소요시간을 20일에서 1
주일로 단축시켰다.

● U자라인 : 라인을 U자형으로 만들어 1번 작업자가
돌아서 마지막 공정을 맡도록 한 것으로 공정이 길
경우 적용한다. 삼성은 냉장고(광주), 에어컨(수원)
공장에서 본라인을 시작하기 전인 제품외형을 성형
하는 과정에, LG는 TV용부품인 편향코일 생산라인
에 도입했다. 삼성은 이 라인으로 1인당 생산성이
시간당 20여대에서 30여대로 올리는 효과를 거두고
있다.

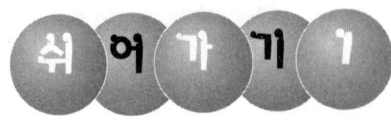

● 줄기라인:공통공정만 줄기라인에서 조립하고 나머지는 모델별로 각기 다른 가지라인에서 작업을 하는 형태다. 전자레인지처럼 모델이 특히 많은 제품을 만드는 데 적합하다. 삼성전자 수원 전자레인지 공장이 이 라인으로 돼있다. 삼성은 수원 전자레인지 라인을 줄기라인으로 바꾼 뒤 시간당 생산량을 20대에서 35대로 늘리는 효과를 거두었다.

● 병렬라인:일자라인을 기본으로 하되 끝부분에 6∼7개의 같은 라인을 배치한 형태다. 검사 등 마무리 공정에 많은 시간이 소요되는 제품에 적합하다. 삼성전자의 수원 컴퓨터 생산라인과 구미 하드디스크 드라이브 라인이 대표적이다. 삼성은 정밀검사를 필요로 하는 이들 제품의 특성을 감안, 병렬라인을 설치했다.

「한국경제」 1999년 1월6일

제약이론(TOC)
-스피드와 정확성을 위한 도구-

전세계적으로 기업의 경영환경은 무서운 속도로 변화한다. 그 변화된 환경의 하나로 '스피드경영'에 대한 지적이 높다. 빨리 결정하고 빨리 조달하고 빨리 만들어 빨리 배달해야 경쟁에서 이길 수 있다는 얘기다. 그러나 어떤 제조업체든지 '빨리'를 강조하다 보면 '정확히'란 측면이 소홀히 취급될 가능성이 높아진다. 과연 어떤 묘수로 '빨리' 동시에 '정확히' 물건을 제조할까를 궁리하는 것은 당연한 수순이다.

이와 관련, 최근 미국 일본 등 선진국 제조업체를 중심으로 새로운 생산 혁신방법으로 각광받는 이론이 TOC (Theory of Constraints)다. 일본의 경영주간지인 닛케이비즈니스는 최근호에서 변화속도가 빠른 제품의 생산현장에서 납기단축 등에 이용할 수 있는 방식으로 TOC를 소개하고 있다.

TOC를 번역하면 '제약조건의 이론'이다. 기본적인 전제가 되는 사고방식은 이렇다. "기업활동은 이익을 늘리기 위한 것이다. 그러나 기업이익이 무한대로 늘어나지 않는 것은 어딘가에 제약이 있기 때문이다"는 것이다. 결국 기업활동 속에서 그것을 제약하고 있는 부문(제약조건)을 찾아내 이를 집중적으로 개선 강화하면 이익이 증대되는 성과를 낳을 수 있다는 이론이 TOC다. 한동안

늘던 이익이 다시 제자리 걸음을 보이면 다시 제약조건을 찾아낸다. 생산현장의 이익은 생산성 향상이다.

생산성 향상을 저해하는 제약조건을 발견, 이를 집중적으로 개선한다. TOC가 다른 생산혁신 이론과 다른 것은 성과와 직결되는 공정만을 핀셋으로 집어내 개선하기 때문에 그 결과가 곧바로 수치로 나타난다는 점이다. 실제 NEC의 일본내 한 공장이 TOC를 현장에 적용시킨 결과 2년여만에 리드타임은 절반 이하로 줄어들고 생산량은 두배로 늘어났다. 이곳에서 만드는 부품은 기술혁신의 속도가 너무 빨라 종전처럼 각 공정의 개선점을 취합, 생산혁신을 꾀하는 형태로는 효과의 유무를 판단할 수도 없었다. 공정개선 효과가 나오기 이전에 이미 한단계 발전한 부품으로 생산체제가 바뀌었기 때문이다.

그러나 TOC 적용 이후 비로소 생산성 향상을 확인할 수 있게 된 것이다. TOC 활동은 일단 제약조건을 발견하는 일에서 출발했다. 각 공정의 책임자들이 모여 의견을 모으자 어느 공정에 제약조건이 있는가는 바로 찾아졌다. 문제는 시험공정이었다. 부품을 시험하는 공정은 한번에 처리할 수 있는 양이 24개씩이었다. 그러나 직전의 조립공정에서는 부품처리가 1백개씩 이뤄져 시험공정은 항상 재고를 안고 있는 양상이었다.

공장에서는 다른 공정의 처리속도를 시험공정의 속도에 맞춰 나갔다. 설계에서부터 자재조달 등 모든 공급측면을 시험공정의 처리속도에 맞추자 우선 재고와 리드타임이 줄어들면서 생산원가가 떨어졌다. 이후 공장에서는 시험공정의 처리속도를 향상시키는 과정에 들어갔다. 다른 공정도 이 속도에 보조를 맞춰 나갔다. 전체적으로 생산량이 늘어나는 결과를 낳게 됐다.

TOC의 특징은 제약조건을 기업의 결과물(이익)을 늘리는 열쇠로 생각한다는 데 있다. 기업의 활동전체를 하나의 공급망으로 판단해 수주 재료 구입 생산 납품 청구 입금까지의 수익력은 각 연계고리의 강도에 따라 달라진다고 생각하는 것이다. 연계고리중 한개 고리의 강도가 떨어지면 전체의 수익력은 약한 고리의 강도와 같아지게 된다.

제약조건에는 순수한 물리적 제약도 있지만 회사규정이나 제도, 조직구조 등 경영의 틀에서 생기는 '방침제약'도 있다. 또 생산량이 늘지 않는 원인이 수요부족에 있는 경우 그 제약조건을 '시장제약'이라고 한다. 제약조건을 찾아내 대증요법식으로 해결해 나가는 TOC는 21세기의 기업 경영에서 요구되는 스피드와 현금흐름중시 경영에 적합하다는 평가를 받고 있다.

「한국경제」2000년 1월 20일

6. 스피드 혁신을 위한 제조계획의 수립과 관리

전통적인 평가지표의 한계

제조부문의 평가지표로 흔히 이야기하는 생산성은 넓게 보아서 개인, 설비, 공장, 기업이 보유하고 있는 자원활용의 효율성을 나타내는 지표이다. 생산성을 증대시킬 수 있는 방안을 항상 모색하는 기업은 경쟁에서 이겨 나갈 수 있으나 그렇지 못한 기업은 어쩔 수 없이 사라지고 만다. 개인도 마찬가지이다. 급변하는 환경에서 살아남을 수 있는 역량과 기술을 계속적으로 습득해 가는 개인만이 조직사회에서 살아남을 수 있다.

생산성은 생산에 투입되는 개별자원의 활용도 측면에서 측정하기도 하지만 보다 정확한 것은 이들 자원의 종합적인 기여도를 토대로 하여 평가하는 것이다. 생산관리(생산경영)란 이런 투입요소를 효율적으로 통합하여 가치있는 생산품을 창출하는 과정에 초점을 맞춘다. 노동생산성과 같이 단지 한 가지 투입자원의 생산성만으로 전체를 평가하기는 어렵다. 20여년 전처럼 직접노무비의 비율이 50%를 넘을 때에는 노동생산성만으로도 충분했지만 간접비 또는 고정비가 직접노무비의 5배를 넘는 현재에는 노동생산성만에 의한 생산성 평가는 무의미하다.

고객과 제품에 초점을 두는 조직을 구축하고 품질경영, 제조현장의 혁신, 리드타임의 단축 등의 지속적인 혁신노력을 기울이더라도 이같은 혁신을 통해 나타나는 성과를 제대로 측정하고 이를 조직구성원에게 피드백할 수 있는 체계가 뒷받침하지 않으면 혁신으로부터 나타나는 결과는 기대에 반도 미치지 못할 것이다. 제조조직의 목표가 스피드의 혁신적 제고로 정립되었다면 성과측정 역시 이런 목표의 달성여부를 잘 나타내는 지표를 선정해야 할 것이다. 그뿐만 아니라 조직구성원들을 한 방향으로 이끌어 나가고 스스로 학습하는 조직으로 탈바꿈하도록 하며 또한 조직의 목표와 일치하는 방향으로 자원을 할당하고 개선활동을 촉진시키기 위해서도 적절한 성과측정지표가 필요하다. 겉으로는 고객만족, 유연성, 적시서비스, 품질수준 등을 강조하지만 내부적으로 기계가동률, 직접노동생산성과 같은 기존의 성과측정방법을 그대로 고집한다면 혁신은 형식적인 구호에 그치고 만다.

피터 드러커는 "측정대상이 되는 것만이 제대로 수행된다"고까지 주장했다. 그러나 많은 기업들이 경영관리방법은 변경시켰지만 성과측정방법은 기존의 것을 그대로 사용함으로써 경영혁신을 통해 달성되는 개선의 증거를 구체적으로 보지 못하곤 한다. 생산성지표 위주의 기존의 성과측정방법들은 대개 수요가 공급을 만성적으로 초과하는 50-60년대에 설정되었다. 80년대까지의 성장전략은 대개 대량생산과 제품표준화를 토대로 하였기 때문에 직접노동 생산성과 기계가동률을 높이는 데 제조부문의 초점을 맞추었다.

그러나 이제 경쟁은 더욱 치열해지고 소비자의 요구와 기호도 다양해졌다. 표준화나 대량생산을 통해 시장점유율을 높이거나 소비자의 욕구를 충족시키기에는 더 이상 충분치 않다. 따라서 전통적인 원가회계 시스템하에서는 원가는 실제 문제를 제대로 반영해주지 못하게 되었다. 즉 원가정보는 구체적으로 무엇이 문제인지 혹은 이들 문제를 어떻게 해결할 것인가 등에 대한 단서를 제공해 주지 못한다. 이런 상황하에서 단순히 특정제품의 원가절감에 매달릴 때 전체적인 생산비용은 오히려 증가할 우려가 크다. 그뿐만 아니라 전통적인 회계시스템은 적시생산을 통한 재고감소와 낭비의 제거, 자동화, 리드타임의 단축, 다기능공의 육성을 통한 신축성 향상 등으로부터의 효과를 제대로 추적하지 못한다. 다시 말해 현행 성과측정체계로는 기업 내부에서 수행되는 각종 생산 및 관리활동의 효율성이나 수익성에 관한 정확한 정보를 제공하지 못할 가능성이 높다. 제품라인은 점점 더 확대되고 생산기술은 가름할 수 없을 정도로 급속히 변해가고 있음에도 불구하고 관리 및 원가회계의 혁신은 아직 걸음마 상태이다. 이제 기존의 성과측정방법을 한 차원 뛰어 넘는 새로운 접근방법이 필요하다.

원가절감전략의 폐해

단순히 가동률을 높이고 생산성을 높이며 원가절감에만 초점을 두는 기업은 대규모 용량의 자동화 설비를 선호하며 가급적 로트의 크기를 늘려 노는 시간을 줄이고자 노력한다. 설비의 배치는 기능별 레이아웃을 선호하면 100% 가동률에 목매이다 보니 생산능력 증설시 항상 수요를 뒤쫓아가는 추적(lag)전략을 선호한다. 리드타임에 관계없이 무조건 많은 주문을 받고자 노력하며 가동률을 높이기 위해 가급적 많은 작업량을 현업에 지시한다. 여유시간을 없애고자 노력하다 보니 교육과 훈련에 투자하는 시간을 아깝게 생각하여 이런 중요한 활동은 정규작업이 끝난 후에 하려고 계획한다.

그래서 원가절감을 지나치게 중시하는 기업은 대용량 특화기계를 선호하며 비싼 값 들여서 구입한게 아까워서 무조건 큰 로트로만 생산하려고 한다. 다양한 품목을 수요에 맞추어 생산하다보면 생산준비시간이 늘어나 생산성이 떨어질 것을 우려하기 때문이다. 그러나 로트가 커지면 생산에 들어가기 전에 대기하는 시간이 길어져 리드타임이 늘어난다. 재공품과 대기시간의 증가는 오히려 코스트 상승으로 이어져 원래 목표였던 원가절감과는 거리가 먼 결과를 초래한다.

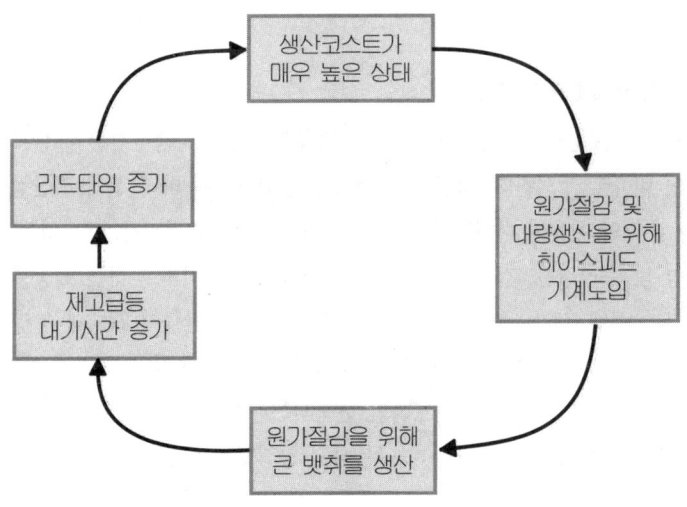

〈도표 6-1〉 원가절감전략의 함정

요약하면 코스트 절감을 가장 중요한 목표를 삼는 조직과 리드타임 축소를 가장 중요하게 여기는 조직 사이에는 조직운영상 큰 차이가 있다.

	코스트 베이스 기업	빨리빨리전략 기업
운영목표	100% 가동목표	리드타임 축소가 목표
여유시간 활용	기계가 놀면 초조	그 시간에 TQM, QC서클, 개선활동 유도
설비계획	위험 축소를 위해 뒤따라가는(lag) 전략	짧은 리드타임을 토대로 미리 앞서가는(lead) 전략
설비의 특성	특화된 전문대용량 선호	신축성 있는 소용량
레이아웃	기능별 레이아웃	품목별/품목그룹별 레이아웃

〈도표 6-2〉 코스트베이스전략과 빨리빨리전략의 차이

효율성과 표준생산시간

효율성은 표준시간을 근거로 한다. 즉 효율성은 표준생산시간과 실제 작업시간의 비율로 정의한다. 표준에 무엇이 포함되느냐에 따라 실제 생산적인 일을 한 흔적의 비율이 나타난다. 표준에 길고 긴 생산준비시간, 재작업시간, 기계고장 및 수리시간, 검사시간 등 부가가치를 증대시키지 못하는 활동까지 포함한다면 실제 작업자들이 무엇인가 멀쩡한 제품을 만들어내는 데 투입한 시간의 비율은 70%가 안될 수도 있을 것이다. 이런 전통적인 효율성 평가하에서는 제조현장의 움직임은 리드타임 단축과는 정반대의 방향으로 나간다. 가령 다음과 같은 일들이 일어나지 않는다고 장담하기 어렵다.

● 작업자들은 만들기 쉬운 것들을 한꺼번에 많이 만들수록 생산준비시간을

절약하며 몸도 덜 피곤하며 쉬우며 또 효율성에 긍정적인 효과를 불러온다. 특히 월말, 분기말에는 더욱 그런 경향이 심하다.

● 일이 되어지도록 하기 위해서는 다소 지체가 되거나 문제가 발생한 옆 작업장의 일을 도와줄 필요가 생기기도 한다. 그러나 이런 도움은 본인의 평가에는 오히려 해가 된다.

● 일과중의 품질개선활동이나 교육참석은 부서의 효율성에 부정적인 효과를 가져온다. 그래서 장기적으로 생산성 향상에 도움을 준다하더라도 이런 일들은 일과 후에 하도록 규제하기도 한다.

● 생산성, 효율성은 작업장의 가동률과 정비례한다. 따라서 가동률을 높이기 위해 노력하지만 이런 활동은 리드타임 단축에는 오히려 나쁜 영향만 줄 뿐이다.

● 효율성지표는 로트의 크기가 커짐에 따라 리드타임이나 재공품재고수준에 가져올 부정적인 효과는 고려하지 않는다. 따라서 미리 2-3달 뒤에 사용할 것까지 미리 합하여 큰 로트의 생산을 계획한다. 결국 다른 품목이나 부품들의 생산이 늦어져 최종 납품이 영향을 받는 경우가 많아진다.

● 로트의 크기가 커지면 엔지어링 변경이나 시장수요변경으로 불용재고가 될 가능성이 높다. 한쪽은 이런 것들을 많이 잘 만들어서 상을 받고 뒤에서는 불용재고로 폐기처분하여 손실을 불러일으키는 엉뚱한 결과를 초래한다.

요약하면 리드타임을 현격히 단축하기 위해서는 설비가동률 우선의 관행을 버려야 한다. 설비가동률을 평가지표로 삼을 경우 재공품 재고를 높이는 결과를 초래하며 이는 오히려 리드타임을 늘리는 역할만 한다.

정시공급이라는 평가지표의 허점

리드타임 단축과 정시공급은 어쩌면 별 관계가 없을 수가 있다. 공급시간에 맞춘다는 목표에만 집착하게 되면 결국에는 어떤 식으로든 간에 납기(리드타임)를 늦추어 평가를 잘 받고자 하게 것이다. 물론 주문형 품목의 경우 경쟁업체와의 경쟁이 치열하다면 리드타임을 늘릴 수는 없겠지만 그 대신 원자재, 부품, 서브어셈블리 등의 주문 및 생산리드타임은 아주 길게 잡아 놓고자 할 것이다. 오로지 정시공급률을 높이기 위해서다.

그러나 이런 움직임은 오히려 최종 품목의 리드타임을 늘리는 악순환을 가져온다. 왜냐하면 모든 부서가 다 정시인도율을 높이기 위해 계획된 리드타임을 늘리기 때문이다. 리드타임이 늘어나면서까지 정시공급률이 높아져서는 곤란하다.

〈그림 6-1〉 리드타임단축이 진정한 1등

리드타임의 측정

리드타임을 측정하여 평가지표로 삼는다는 것은 매우 쉬운 일인 것 같지만 몇 가지 측정상의 고려할 점이 있다. 리드타임의 평가지표는 기준이 되는 리드타임에 대한 현 리드타임의 비율로 측정한다.

셀에서의 리드타임은 거의 무시할 만큼 짧지만, 구태여 측정하자면 셀에 자재가 도착하여 완성품이 되어 셀을 떠날 때까지의 시간이 되어야 한다. 어떤 회사는 주문에 관련된 사항을 모두 컴퓨터에 입력하여 주문과정을 추적하기도 한다. 이럴 때 리드타임을 컴퓨터에 주문을 입력했을 때부터 측정하면 오류를 가져온다. 경우에 따라 주문서를 받아 놓고 며칠씩 뱃취 형태로 내버려 둘 수도 있기 때문이다. 고객입장에서 보면 컴퓨터의 입력 여부에는 관심이 없기 때문이다. 또 주문서를 우편이나 팩스로 받는 경우도 마찬가지이다. 이럴 때에도 들어온 날짜를 스탬프로 찍어 제대로 된 리드타임을 측정해야 한다. 물론 이런 주문서를 하루에도 수회씩 가지고 가도록 조치해야 한다.

마찬가지로 작업장의 주문처리도 컴퓨터로 추적할 수 있다. 이 경우에도 사무실에서 작업장용 컴퓨터로의 주문관련자료의 입력을 지연시키는 경우도 있다. 아마도 자재가 부족했거나, 기계가 고장났거나, 또는 입력시키는 사람이 잠시 잊어먹었을 수도 있지만 전혀 기록이 없어서 그 이유를 알기 힘들 수 있다. 또한, 사무실에서의 준비과정이 완료되었다 하더라도 배취 형태로 일이 진행되거나 하면 중간에 상당시간이 대기시간으로 나타난다. 이런 경우에도 제조부문에서의 리드타임은 짧지만 전체적인 리드타임이 길어 고객의 불만을 불러일으킬 수 있으며, 자세한 내용을 모르는 책임자는 제조부문만을 비난하게 된다.

따라서 리드타임을 측정하여 평가지표로 삼고자 하는 경우 다음과 같은 가이드라인을 준수할 필요가 있다.

- 리드타임을 측정하기 위해서는 시작시점과 종료시점을 명확히 해야 한다. 또 공정간에 갭이 있어서는 안된다.
- 리드타임의 각 부분별로 명확하게 책임지는 사람이나 부서가 있어야 한다. 만약 자신의 영향력 범주를 벗어난 부분에까지 책임을 지우게 하면 개선은 기대하기 어렵게 된다. 가령 협력업체의 납품리드타임과 같은 사항에 대한 결정권한이 없는 상태에서 총리드타임 단축에 대한 책임을 물어서는 별 효과가 없다.
- 필요하다면 흐름공정표(flow process chart)에서와 같이 기호를 이용하여 리드타임의 각 부분의 상태를 나타냄으로써 전체적인 흐름을 파악한다.

성과에 대한 확실한 보상

리드타임 축소로 인해 성과가 나타나기 시작하면 이에 대한 보상이 즉시 뒤따라야 한다. 개선활동에 대한 보상은 표창장보다는 현금이 더 좋다. 좋은 아이디어를 현실화함으로써 나타나는 연간 성과의 10%를 보상금으로 지급해도 첫해에는 90%의 이득이 있으며 그 다음 해부터는 100%의 득이 있다. 지속적인 개선은 문제의 인식, 근원의 파악, 다양한 해결책의 모색 등을 위한 집단적인 노력이라고 볼 수 있다. 제대로 수행된다면 지속적 개선은 사기의 앙양, 조직에의 소속감과 애사심 증대, 감독의 필요성 감소 등으로 이어지면서 결과적으로 품질개선과 원가절감이라는 가시적인 효과를 나타낸다. 가장 어려운 일은 사람을 관리하는 부분이다. 부적절한 평가지표를 제거하고 개선을 유도하고 북돋울 수 있는 평가요소를 추가해야 한다. 그러나 이런 혁신을 주도하기에는 임원들과 관리자, 엔지니어들이 스스로를 너무 바쁘다고 생각할 수도 있다. 아마도 이들이 하는 일 중에서 고객에게 별다른 가치를 줄 수 없는 각종 일들을 추려내는 것이 먼저인지도 모른다. 이들이 중요하다고 생각되는 일 중 많은 것들이 아마 불필요한 낭비나 쓰레기를 정리하고 분석하는 일일 수도 있다.

다음은 어느 중소기업의 리드타임 축소사례이다.[※]

※ Owen, J.V., "Time is the Yardstick," *Manufacturing Engineering*, Nov., 1993, pp. 65-70.

이 사례는 성과측정과 보상에 대해 많은 것을 다시 생각해 보게 한다.

이 회사는 제지공장에서 종이를 감는데 사용하는 파이프롤을 생산하는 기업이다. 이 회사의 작업현장은 이미 셀로 구축되어 있었지만 리드타임은 여전히 10주 이상이었다. 그래서 이번에는 리드타임을 유일한 평가지표로 삼아보기로 했다. 그리고 각 작업마다 부착되어 있는 표준시간딱지를 제거하기로 했다. 즉 각자의 일의 효율성에만 신경을 쓰게 되면 전체적으로 일이 흘러가는 데에 신경을 쓰지 않게 되어 소위 지엽적인 개선(island of improvement)만 나타날 우려가 있었기 때문이다. 그렇지만 다 없애버리면 작업자들이 노는지 일하는지 평가하기가 어렵고, 또 그러다 보면 원가 상승의 우려를 떨쳐내기가 힘들었다. 그러나 과감히 다 없애 버리고 오로지 리드타임, 즉 작업장에 자재와 작업내역서가 도착하여 검사가 끝날 때까지의 시간만을 체크하여 평가하기로 하였다. 첫 번째 제품은 24일이 걸렸고 가장 나쁜 경우가 36일이었으며 3개월 뒤에는 8일만에 거쳐갔다. 파이프롤은 매우 복잡한 것으로 정교한 가공을 매우 오래 해야 하는 품목이었다.

갑자기 이렇게 변모하게 된 이유를 찾아보니 대략 다음과 같았다. 개별 작업장의 표준시간을 없애 버리니 각자 수행해야 하는 작업으로 평가받을 수가 없게 되었다. 즉, 어떤 방식으로 일을 하든 간에 하나의 평가지표를 토대로 팀 전체가 공통적으로 적용받게 되었다. 곧 그들은 작업 자체를 재배열하고 그동안 해오던 작업방법을 고치고 공정순서도 수정하며 각 작업장이 해야 할 일의 배정도 수정하였다. 특히 과거에는 별로 관계가 좋지 않았던 스텝기술진에게 생산준비시간의 단축과 그외 기술적인 문제에 대한 자문을 스스로 의뢰하는 현상이 나타나게 되었다. 이전에도 소위 TEI (Total Employment Involvement)운동을 벌이기도 했었지만 그 때는 초점이 맞춰지지 않았었다. 이제는 공통적인 관심사와 평가지표가 생겼다.

이 회사에서와 같이 추가로 사람을 고용하거나 설비를 구입하지 않고 생산목표를 달성하고 리드타임이 축소된다면 비용이 올라갈리 만무하다. 그리고 놀던 일하던 모든 책임을 지게 되는데 무슨 걱정이 생길 것인가? 물론 가동률의 추적은 필요하다. 앞으로의 설비투자를 위해서 기초자료로 삼아야 한다. 설비부족으로 리드타임이 증가하는 것을 막기 위해서도 필요하다. 그러나 과거의 가동률로 지금의 상파급 결정의 근거로 삼아서는 안된다.

전통적인 생산스케줄 운영방식

대개 공장은 기능별로 설비가 구축되어 있으며 창고에는 각종 자재와 조립품이 보관되어 있다. 품목의 생산은 스케줄에 따라 한 작업장에서 또 다른 작업장으로 로트의 형태로 움직인다. 원자재는 우선 창고에 보관된다. 일단 조립이나 가공계획이 확정되면 작업오더가 떨어지고 생산에 필요한 자재가 생산 개시시간에 맞추어 미리 지정된 양만큼 작업장에 인도된다. 모든 자재는 생산계획에 나와 있는 데로 시간에 맞추어 인도된다. 각 작업장에는 생산계획이 잡혀 있는 품목들을 위한 원자재와 파트들이 하나의 그룹을 지어 대기한다. 급한 작업은 대기행렬에서 끌어내어 작업장 맨 앞으로 이동시켜 우선적으로 처리되도록 조정한다. 기업에 따라서는 컴퓨터를 이용하여 각 오더의 처리과정을 작업장별로 추적한다. 작업이 모두 완료되면 검사장으로 보내어 최종 검사를 받고 완제품 창고로 보내지거나, 또는 계획에 따라 그 다음 작업장으로 이동한다. 불량품은 해당 작업장에 보내어 재작업을 하도록 한다.

작업장별로 생산스케줄이 수립되므로 품목에 따라서는 작업장의 대기행렬에서 1주 이상을 기다릴 수도 있다. 이를 전부 감안하면 실제 작업은 하루면 되는데 기다리는 시간을 모두 합하면 1주일 이상 걸릴 수도 있다. 종합병원을 상상해보면 된다. 여러 과를 돌면서 진료를 받는 경우 각 과에서 엄청난 시간을 기다린다. 그러나 실제 진료를 받는 시간은 대기시간의 10%도 안된다.

또한 모든 작업이 로트로 이루어지므로 불량이 발생하면 로트 전체가 다 불량인 경우가 많다. 로트가 크면 생산성이 높을 것 같지만 오히려 정반대이다. 한 부서만을 보면 매우 효율적으로 일을 하는 것처럼 보이지만 전체를 놓고 보면 그것이 아니다. 그뿐만 아니라 각 작업장, 각 부서는 자기 일에는 열심이고 효율적이지만 전체를 알 수가 없다. 누구도 프로세스 전체를 통합적으로 관리할 수 없기 때문이다.

MRP의 한계

MRP(Material Requirement Planning, 자재소요계획)와 같은 시스템을 통한 리드타임 단축은 거의 불가능하다. MRP에서의 리드타임은 계획된 (planned) 리드타임이다. 각 작업장별로 평균적인 리드타임(대개는 최악의 경우를 감안함)을 전제로 하여 운영한다. 이럴 경우 어느 한 작업장이 그 시간 내에 일을 다 처리하지 못하게 되면 다른 작업장에 영향을 미치게 되어 긴급 작업으로 처리하여 잔업시간을 동원하여서라도 일을 마칠 수 밖에 없다. 필요한 자재가 도달하지 못한 경우에는 일정 시간을 기다린 후에 시작하게 되는데 이럴 경우 아직 여유가 있는 작업들을 끌어 내리고 긴급하게 일을 기한 내에 마감한다. 물론 그 사이 다른 품목들은 조금씩 지연되기 시작한다. 한편 바로 전 작업장의 지연으로 아무 일도 못하게 된 작업장은 또 다른 작업장에 부탁하여 무엇인가 해야 할 일이 없나 찾아본다. 아직 시작할 시점이 아니지만 노는 것보다 낫다고 생각하여 일을 시작한다. 그러다가 정작 해야 할 일이 오면 이 일을 마무리 짓기 위해 다소간 지연시킨다.

이런 식으로 각 작업장들이 연쇄적으로 영향을 받게 되면 전체적으로 리드타임이 늘어나기 시작하여 잔업과 주말근무가 많아지고 작업자들은 지치며 생산성은 떨어지기 시작한다. 생산가지수가 많아지면 이런 일이 더 빈번히 일어난다. 마치 충분한 인력이 뒷받침하지 못해 발생하는 현상으로 간주하여 인력 추가를 심각히 고려한다. 그러나 실제로 대기시간과 생산준비회수, 이동시간만 늘어났을 뿐 별달리 더 많이 생산한 것도 아니다. 결국 인원추가, 잔업, 재공품재고 증가 등으로 원가에 큰 부담만 준다.

이런 혼란의 근본원인을 제대로 깨닫지 못하면 계획된 리드타임의 상향조정을 각 부서에서 도모할 것이다. 각 작업장에서는 이렇게 길어진 리드타임 덕분에 계획보다 일찍 일이 끝나 재공품으로 대기할 수밖에 없다. 다른 작업장에서는 일이 아직 끝나지 않을 수도 있기 때문에 미리 갖다 줄 수도 없다. 한편 작업장 부하가 적정수준 이상이 되면 잔업이나 하청 또는 그냥 늦을 수밖에 없다. 생산프로세스의 시작점 부근에서 발생하는 변동은 밑으로 내려올수록 그 파동이 더 커진다. 또한 각 작업장별로 최소한도로 이 정도는 만들어야한다는 주장을 고집한다면, 즉 최소 로트량을 고집한다면 최종 납품스케줄의 다소간의 변경은 엄청난 파동을 불러 일으킬 수 있다.※

> ※ 이런 현상을 통털어 Nervousness라고 부르며 많은 논의가 이루어지고
> 있지만 별로 신통한 답은 아직 없다.

이런 일들이 계속되면 시스템에 대한 신뢰성을 잃게 되고 컴퓨터로 `도출한

납기의 의미도 상실하게 되어 생산관리 전체에 대한 신뢰도를 상실한다. 관리자와 현장기술자간의 갭이 발생하게 되고 각자의 능률을 위해 의사결정을 내린다. 현장에서는 관리자들이 현장의 어려움과 다이나믹한 움직임을 전혀 이해 못하는 탁상공론적인 관리를 한다고 비웃고 관리부문에서는 근로자들의 고집과 오기를 비난하는 양극현상이 일어난다.

마케팅과 생산의 연계

대부분 기업의 생산계획은 수요예측과 실제 고객오더를 모두 고려하여 수립한다. 설사 고객오더에 의해서만 생산계획을 수립하더라도 원자재나 부품은 어느 정도 예측을 토대로 하여 주문하거나 생산해 놓는다.

예측과 실제 오더를 모두 고려하여 생산계획을 수립하는 경우에는 예측소비(forecast consumption)라는 원리를 적용해 볼 수 있다. 이 원리를 이용하면 두 부문간의 갈등을 다소나마 해소할 수 있다. 이 체제하에서 마케팅부서는 일정 시간동안 생산계획상에 고객오더로 설비사용을 예약할 수 있다. 만약 그 시간(이것을 수요울타리라 부름)이 지났음에도 불구하고 예약한 만큼 실제 주문이 들어오지 않으면 그 차이는 포기하고 실제 주문이 들어온 만큼만 설비이용시간이 할당된다. 즉 초기에는 예측의 형태로 예약되어 있다가 실제 주문이 들어오면 그만큼만 생산계획상에 확정되고 나머지는 다른 용도로 돌린다. 그러나 고객주문이 마지막 순간에라도 확실하게 들어올 것이라고 믿는다면 마케팅부서는 그 수량만큼 완제품 보충주문을 할 수 있다. 이 수량만큼은 생산이 완료되면 창고로 이동되어 주문한 사람 책임하에 처리된다. 만약 예상대로 주문이 들어오면 즉시 납품될 것이지만 예상외로 주문이 들어오지 않으면 그 물건은 팔릴 때까지 주문한 사람의 소유물이 된다. 즉 그가 책임져야 한다. 수요시간울타리가 가까워지면 담당자는 최종적인 선택을 해야 한다.

예를 들어 수요울타리가 3주라 하자. 현시점을 기준으로 3주 이내의 것은 이미 조정이 끝난 상태이다. 4주에 주어진 예측치만큼 생산을 하기 위해서는 마케팅부서가 앞으로 3주 이내에 실제 오더를 받아오거나 본인의 책임하에 완제품보충주문을 내야 한다. 그렇지 않은 수량은 생산에서 빠진다. 즉 생산부서는 실제 주문으로 바뀐 것이나 또는 마케팅이 책임지는 품목의 수량만을 생산할 뿐이다. 그외의 것은 계획에서 사라진다. 수요시간울타리 밖에서는 실제 주문과 예측치중 큰 값을 택해서 총수요로 설정한다. 만약 주문량이 예측치보다 큰 경우에는 주문량을 총수요로 택하여 계획을 수립한다. 리드타임이 줄어들면 당연히 수요울타리도 줄어들 수 있다.

수요울타리를 벗어나도 어느 기간까지는 예측치의 수정에 한계를 두어야 한다. 계획수립울타리가 바로 이 한계를 의미한다. 수요울타리와 계획수립울타리 사이에서는 생산계획상에 부킹한 것을 상당히 수정할 수 있다. 〈도표 6-3〉과 같이 대개 3등분하여 10%, 20%, 30% 식으로 변경의 신축성을 설정한다. 즉 수요시간울타리를 기준으로 첫 1/3 기간은 10%의 증감, 두 번째 기간에는 20% 증감 식이다. 물론 이 경우에도 디자인상의 설비능력을 초과하는 변경은 곤란하다. 잔업을 하거나 휴일근무를 하는 정도의 생산능력 확대를 고려할 수 있다. 그리고 협력업체의 공급능력의 한계도 고려되어야 한다. 공장의 신축성이 아무리 좋아도 자재나 부품을 제때에 공급받을 수 없으면 아무 소용이 없다.

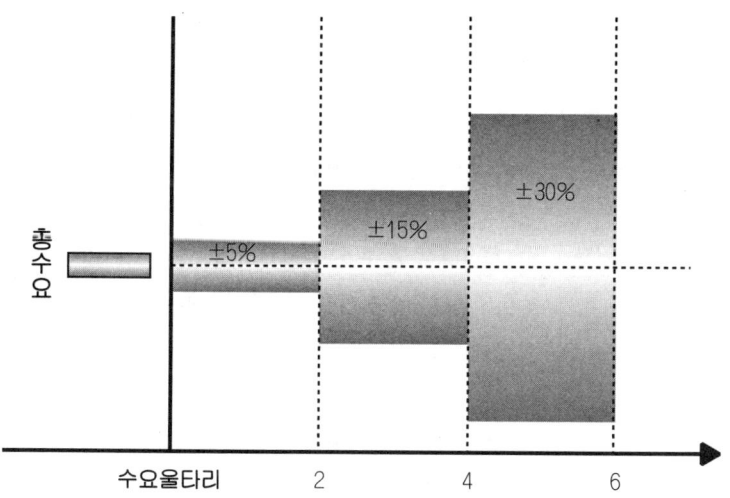

〈도표 6-3〉 시간울타리와 계획수립의 신축성

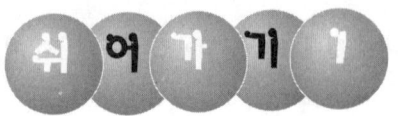

보상없는 노력

'기술이 돈을 끌어오는' 엔지니어의 세계. LG전자는 올해부터 녹음, 녹화가 가능한 콤팩트 디스크 CD-RW의 양산체제에 들어갔다. 기존 아날로그 카세트테이프와 읽기만 가능한 CD롬을 대체, 부가가치를 크게 높인 제품이다. 이 차세대 제품을 2년 동안 개발한 CD-RW팀 엔지니어 24명이 받은 성과급은 1인당 100만원. 그리고 제주도 3박4일 여행권이었다.

포항제철 제2열연 공장. 지난 6월 새로운 압연기술 개발로 공기를 30일에서 20일로 단축, 연간 183억원의 이익을 기대하고 있다. 개발 주역인 제2열연 압연 기술팀 47명이 받은 대가는 회사가 주는 상패와 상금 500만원. 1인당 10만6382원을 받은 셈이다. 그나마 이정도라도 보상을 해주는 회사가 많지 않다.

한국 경제가 외환위기로 추락한 직후, 노동력의 질 문제가 도마 위에 올랐다. 기술 없이 임금만 받아 가는 게으른 민족으로 비춰지기 시작하면서, 외국 자본이 줄줄이 동남아와 중국으로 빠져나가기 시작한 것이 90년대 초입이었다. 미국 경영환경정보센터는 지난 94년 기술력, 성실도, 임금을 고려한 한국 노동력 수준을 47개국 중 24위로 평가했다. 85년 3위에서 무려 21계단이나 추락한 것이다. 85~95년 제조업 노동생산성 증가율은 연평균 11.2%로, 명목임금상승률 15.3%를 밑돌았다. 노동생산성이 다시 임금상승률을 넘어선 것은 지난해 대량 해고와

임금 삭감이란 쓰라린 경험을 하고 난 뒤였다.

왜 한국 근로자들은 경제에 걸맞은 가치를 창출해 내는 데 실패했을까. 사회분위기 이완으로 노동강도가 절대적으로 줄어든 것도 한 원인이었다. IMF 직전인 97년, 한국 근로자의 연평균 노동시간은 1892시간으로(80년 2064시간), 세계 최고의 선진국인 미국의 1966시간(80년 1883시간)에도 미치지 못했다.

그러나 보다 근본적인 요인은 기술력 빈곤에서 찾을 수 있다. 성과급 10만원. 기술력 빈곤의 원인을 밝힐 수 있는 금전적 척도이다. 기업은 엔지니어에게 성공의 보상은 인색한 반면, 실패의 처벌은 엄격했다. '높은 위험(High Risk)에 높은 대가(High Return)'가 아니라 '높은 벌칙(High Penalty)'만 따른 것이다. 국내의 우수한 두뇌들이 대기업을 피해 외국으로 가고, 맨주먹으로 벤처 창업에 뛰어드는 것도 이런 풍조에 대한 반란으로 풀이할 수 있다. 한국경제는 엔지니어를 경제의 중심부에서 배제한 기술 경시의 뿌리를 공유한 채 점차 시들어가고 있는 것이다.

「조선일보」 1999년 11월 22일

7. 협력업체와의 관계 개선전략

협력업체 관리의 중요성

생산품목의 수가 증가해 가고 제품의 구조가 점차 복잡해짐에 따라 과거와는 달리 완제품의 생산에 소요되는 부품이나 중간가공품을 모두 사내에서 생산하기는 어려워지고 있다. 기술적인 능력의 한계도 이러한 현상을 설명하는 한 요인일 수도 있지만 규모의 경제, 소요자본, 효율적 관리의 한계 등을 감안한다면 당연한 현상이라 할 수 있다.

자동차, 전기전자, 기계산업 등의 경우 제조원가의 70% 이상을 외부협력업체에 의존하고 있다. 일반적으로 기업의 품질문제중 50% 이상이 외부에서 구입하는 원자재와 부품의 불량에 그 원인이 있다고 한다. 따라서 최종제품의 품질을 개선하고 스피디한 제품개발과 생산을 계획하기 위해서는 협력업체로부터 공급되는 부품의 관리, 이보다 더 나아가 협력업체의 선정 및 관리가 중요문제로 나타나게 된다. 그밖에도 부품공급업체의 개발이 기업경쟁력의 유지·강화에 가장 중요한 요소가 될 수 밖에 없는 이유를 정리해 보면 다음과 같다.

- 기술의 발전속도가 점차 빨라짐에 따라 어느 기업도 제품생산에 필요한 각종 신기술을 개발하거나 보유하기 힘들어지고 있기 때문이다. 이에 따라 기업의 전문화가 더욱 심화되면서 외부업체에서 구입하는 부품의 종류는 점차 증가하게 되고 발주기업은 단순히 이들 부품을 조립하는 공정만을 보유하게 되는 경향이 심해지고 있다. 이로 인해 부품공급업체의 기술개발능력이 더욱 가치있게 평가되고 있다.
- 경쟁의 성격 자체가 단순한 가격위주의 경쟁에서 신기술과 품질을 종합적으로 반영하는 관리기술의 경쟁으로 변모하고 있다. 다시 말해 우수한

부품공급업체를 확보하고 이들의 기술과 능력을 최적으로 결합할 수 있는 기업이야말로 진정한 경쟁력 강화를 도모할 수 있다는 것이다.

● 협력업체로부터 구입하는 것은 단지 물적인 자재뿐만은 아니며, 공학적 기술과 능력(engineering and capability)을 모두 구입하는 것이라 생각해야 한다. 이러한 공학적 기술이나 능력에 관한 요구사항은 제품을 생산하기 전에 확립되어 있어야 한다. 전기 전자, 통신, 컴퓨터 분야의 제품에 소요되는 부품들의 설계는 상당히 빠른 속도로 바뀌어 간다. 특히 중간조립품이나 부품들의 설계변경은 상당한 비용이 소요될 뿐만 아니라 경우에 따라서는 불가능하기도 하다.

이처럼 부품공급업체의 전략적 중요성은 점점 더 강조되고 있지만 실제 이들 업체에 대한 시각은 아직도 적대적인 성향을 띠고 있는 것이 현실이다. 다시 말해 부품공급업체와의 상호의사전달을 최소한으로 줄이며, 가능한 여러 부품공급업체를 확보함으로써 경쟁을 가속시키며 이를 통해 가격이나 업체의 통제면에서 우위에 서고자 하는 경향이 있다. 이와 같은 적대관계는 곧 같은 품목을 여러 업체에서 공급하도록 한다든가 수시로 공급업체를 교체한다든가 가격만을 기준으로 하여 공급업체를 선정하는 비합리적인 관행으로 이어져왔다. 따라서 이들 두 집단간에는 불신, 두려움, 실망 등 장기적인 우호 및 신뢰와는 거리가 먼 적대적인 대치상태를 유지할 수 밖에 없었다.

따라서 부품공급업체와 상호신뢰에 바탕을 둔 새로운 관계를 모색하기 위해서는 우선 양쪽 집단의 태도와 의사결정패턴에 있어서 변화가 이루어져야 한다. 우선 소비자로서의 발주기업은 부품공급업체와 긴밀한 관계를 유지하기 위해 필요한 계획과 실행절차를 개발하고 이를 현실화시키기 위한 자원을 할당해야 한다. 한편 협력업체는 그들이 공급하고자 하는 제품에 대한 100% 책임을 인정하고 발주기업의 검사에 전적으로 의존하는 버릇을 타파해야 한다. 이와 같은 새로운 관계를 기초로 하는 기업은 부품공급소요시간의 절감, 납기지연감소, 생산계획의 변경회수 축소, 재고절감, 설계변경의 용이, 불량률저하와 같은 효과를 기대할 수 있다.

발주업체와 협력업체간의 장애물

이처럼 협력업체로부터 공급되는 부품의 관리가 중요함에도 불구하고 이들 두 집단 간에 상당히 많은 문제점이 발생되는 이유는 다음과 같은 장애물 요소가 존재하기 때문이다.

우선 의사소통과 피드백이 결여되어 있기 때문이다. 발주업체와 협력업체 양쪽 모두 상호간의 의사전달이 얼마나 잘못되어 있는가 조차도 깨닫고 있지 못하는 경우가 많다. 더욱이 부품공급업체의 경우 발주업체에 불평·불만을 표시하는 경우는 거의 없다시피하다. 또한 발주업체가 그들의 요구조건을 제대로 전달하지 못해 불량품이 발생할 수도 있다. 이를 시정하기 위해서는 발주업체가 그들의 요구사항을 정확히 나타내야 하는 것은 물론 협력업체도 그들이 만들어야 하는 부품의 기능을 제대로 이해하고 있어야 한다. 부품공급업체 역시 발주기업으로부터의 반품이나 구체적인 불평·불만이 없으면 품질문제는 전혀 발생하지 않는 것으로 간주하여, 소비자인 발주업체가 그들이 공급한 부품의 품질에 대해 어떤 생각을 하고 있는가에 대해 조사할 생각을 하지 않고 있다. 즉 무소식이 희소식이라는 속담이 그대로 적용되고 있는 듯하다.

두 번째 이유로는 발주업체의 신뢰도 결여에 있다. 즉 발주업체가 스피드 제고와 품질개선에 진정한 의지를 보이고 있다는 물증이 되는 기업정책이나 관리방침을 보여주지 않고서는 협력업체의 입장에서 혁신활동과 노력을 충실히 할리가 없다. 예를 들어 가격만을 기준으로 협력업체를 선정한다든가, 주문량이나 설계를 전혀 예측할 수 없을 정도로 변경한다든가, 또는 지나치게 엄격한 규격을 요구한다든가 하는 관리방침은 모두 발주업체의 신용과 신뢰도를 떨어뜨리게 된다. 또 하나의 문제점은 발주업체의 경우 리드타임과 품질의 중요성에 대해 상당한 관심을 보이다가도 결정적인 순간에는 가격에 대해 초점을 두는 경향을 보이는 것이다. 이런 경우에도 신뢰도는 떨어지게 된다.

협력업체수 축소로 인한 전략적 기대효과

협력업체의 선정기준을 통과한 업체가 둘 이상이라 하더라도 장기적으로는 가능한 품목별로 하나의 협력업체와 거래하는 것이 바람직하다. 그 이유를 요약해 보면 다음과 같다.

첫째, 부품 품질특성상의 변동폭을 줄일 수 있기 때문이다. 예를 들어 같은 종류의 부품을 두 협력기업이 공급한다고 생각해 보자. 〈도표 7-1〉과 같이 설사 이들 기업들의 부품이 제조규격에 일치한다고 하더라도 이를 모두 합하게 되면 〈도표 7-2〉에서와 같이 상당히 큰 변동폭을 나타내게 되며, 만약 또 하나의 협력업자가 추가된다면 변동의 폭은 더욱 커지게 될 것이다. 또한 한 업체의 자재를 사용하다 또 다른 업체의 자재를 사용하게 되면 생산공정의 불필요한 조정이 필요하게 될 수도 있다. 이 조정시간이 15분일 수도 있고 8시간일 수도 있으며, 경우에 따라서는 몇 주가 걸릴 수도 있다. 설사 두 공급업체가 품질면에서 우수한 제품을 공급하더라도 마찬가지이다. 공급업체가 하나일 경우에도 매일 매일 공급하는 자재의 특성상 어느 정도 변동이 나타날 수 있다. 그러나 이 변동은 두 공급업체가 공급할 때 나타나는 자재변동의 특성에 비교하면 그리 크지 않을 것이다

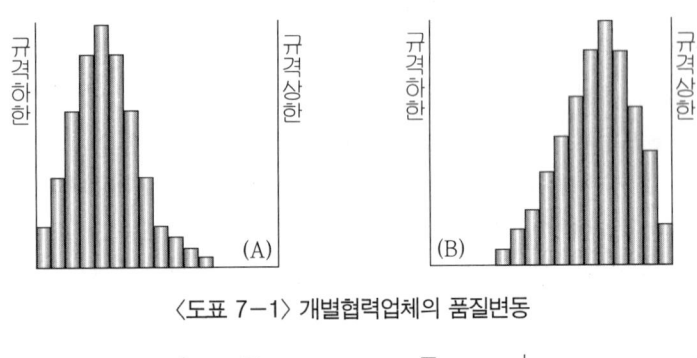

〈도표 7-1〉 개별협력업체의 품질변동

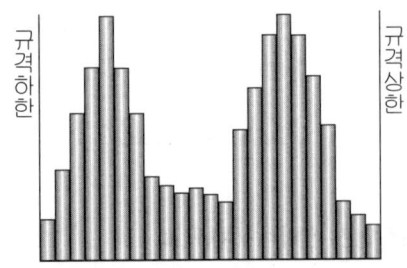

〈도표 7-2〉 두 협력업체로 부터 공급된 제품의 품질변동

둘째, 협력업체를 하나만 선정하고 장기적인 계약관계를 유지한다면 규모의 경제는 물론, 협력업체 스스로 고객(발주업체)의 요구와 필요를 만족시키기 위해 상당한 노력을 기울일 수 있는 계기를 만들어 줄 수 있다. 가격만을 바탕으로 한 협력업체의 빈번한 교체는 결과적으로 장기투자를 요하는 품질개선보다는 납기준수, 가격유지 등의 단기적 목표에 급급하게 될 것이다. 만약 공급자가 구매자와의 거래에서 오로지 단기적인 거래관계밖에 기대할 수 없다면 아무도 기술혁신이나 제조공정의 효율성을 개선하고자 하지는 않을 것이다.

세째, 협력업체의 수가 많아지면 그만큼 이들 업체들을 관리하기 위한 비용과 시간이 증가하게 된다. 여러 업체에서 공급되는 부품의 검사, 정리, 서류처리 등 비생산적인 업무에 상당한 시간을 할애하게 된다. 공급원을 하나로 축소했을 때 발생할지도 모르는 조업중단이나 파산 또는 납기 및 품질에 대한 불확실성 등을 대비하여 또 하나의 공급원을 유지한다는 것은 상당한 비용을 필요로 한다. 예를 들어, 1986년 제너럴모터즈는 600만대의 자동차에 대한 물

〈그림 7-3〉 협력업체는 동반자

품구매와 서비스를 위해 대략 3000명의 구매담당자를 고용했다. 대조적으로 도요다는 360만대의 자동차에 대한 물품구매와 서비스를 위해 340명을 고용했다. 따라서 GM의 구매간접비용은 도요다의 약 5배에 달하였다.

넷째, 협력업체의 수가 적어지면 생산경험의 증가로 인해 생산원가가 떨어진다. 대부분의 산업에서 제품생산 또는 서비스 증진에 대한 축적된 생산경험은 품질을 향상시키고 비용을 절감시켰다. 대개 축적된 경험시간이 2배가 될 때마다 단위당 비용은 생산품질의 증가와 비교해서 10%에서 30%까지 떨어졌다고 한다.※

> ※ Dyer,J.H. and W.G.Ouchi, "Japanese-Style Partnerships : Giving Companies a Competitive Edge,", Sloan Management Review, Fall/1993, pp. 51-63

새로운 관계의 모색 및 정착

협력업체의 선택도 중요하지만 발주업체와의 관계를 어떻게 유지해 가야 하는가 역시 중요한 문제이다. 협력업체가 발주업체와의 관계를 개선하기 위해 노력하더라도, 발주업체측에서 협력업체의 품질개선에 필요한 아이디어, 정보, 기술, 제조공정에 관한 세부사항 등을 제공하기 꺼린다면 이들 두 업체는 상부상조라기 보다는 적대적인 관계로 변하게 되고 만다. 협력업체는 단순히 현재상태를 유지하면서 경쟁업체가 참여하는 것을 방지하기 위한 가격정책만을 선호할 것이며 발주업체는 언제든지 협력업체를 바꿀 수 있는 위치를 계속 유지하고자 할 것이다.

따라서 협력업체와 발주업체간에 상호 신뢰에 기반을 둔 계약관계가 정착되어야만 지속적인 품질개선은 물론 기술혁신도 가능하다고 볼 수 있다. 즉, 제품의 설계과정에 협력업체를 참여시켜 기술적인 문제에 대한 제안을 하게 하고 협력업체 자체의 기술적 능력을 고려할 수 있도록 함으로써 부품의 제조가능성을 개선함은 물론, 설계에 소요되는 시간도 줄일 수 있다.

또한 서로 서로의 제조공정에 대한 연구와 이해는 이들 업체의 기술적 능력을 향상시키며 품질개선에 대한 동기 부여는 물론 개선방법에 대한 정보교환도 가능해진다. 이러한 자료 및 정보의 교환은 참여업체 모두에 엄청난 파급효과를 가져올 수 있으며, 장기적으로는 경쟁력을 향상시키게 된다. 이와 같은 우호적인 상호관계는 협력업체와 발주업체간의 정기적인 모임을 통해 원가절감을 위한 합리화 방안, 공동설계 및 기술 개발, 교육이나 훈련 또는 기술지원 프로그램에 대한 논의를 통해 더욱 돈독해 질 것이다.

빨리빨리전략하에서의 구매활동

리드타임을 줄인다는 목표하에 단순히 적시배달만을 강요함으로써 협력업체들로 하여금 완충재고를 더 보유하도록 강요하는 부작용을 초래하는 경우도 있다. 이와 같은 강요에 의한 적시공급은 아무에게도 도움이 안된다. 언젠가는 부품가격의 상승, 품질불량, 공급재계약 중단 등의 부작용을 초래할 수 있기 때문이다. 제록스사도 JIT시스템 도입초기에 이런 실수를 범했으나 그 결과가 부정적으로 나타나면서 곧 협력업체와 공동으로 각종 문제해결, 안정적 스케줄의 구축, 진정한 파트너십의 구축 등의 노력을 통해 JIT를 공유·도입하였다.

구매부문에 있어 JIT적용을 위한 첫번째 전제조건은 확실하고 정확한 자재소요량을 창출해 내는 스케줄링시스템에 있다. 예측가능성이 높지 않고서는 협력업체에의 JIT적용은 단지 자기 문제를 협력업체에 떠넘기는 것과 마찬가지이다. 자사가 보관해야 할 재고를 협력업체의 수송트럭으로 옮기고 협력업체로 하여금 불필요한 유통창고를 구축·임대하도록 하는 부작용만 불러 일으킨다. 따라서 자기 공장에서 JIT의 기본원리가 구현된 뒤에야 협력업체에게 JIT적용을 부탁할 수 있다. 협력업체는 자기 고객의 공장에서 JIT시스템을 직접 보고 배울 수 있다. 구매부문에서 JIT가 성공하기 위한 또 하나의 조건은 안정적인 스케줄이다. 모기업이 늘 유사한 품목들을 반복적으로 생산하는 비율이 높을수록 협력업체의 스케줄은 단순해진다.

JIT 구축을 위한 다른 기본요건은 고객의 공장과 협력업체의 공장에 모두 다 필요하다. 그러나 이처럼 협력업체와 파트너가 되기 위해서는 협력업체의 수를 제한할 필요가 있다. 많은 기업들이 이처럼 협력·협조적인 분위기를 유지하기 위해 협력업체의 수를 90%이상 줄였다. 예를 들어 제록스사의 경우 5,000개 이상의 협력업체수를 300개로 줄였다. 이는 곧 이들 업체들로 하여금 정시에 제대로 된 좋은 품질의 제품을 공급하도록 무언의 압력을 넣는 효과를 가져온다. 이와 병행하여 협력업체와의 계약기간도 장기간 연장하면서 생산계획에 관한 각종 정보를 적시에 제공하기도 한다. 그뿐만 아니라 신제품의 경우 제품설계의 초기단계에서부터 이들 협력업체를 초대하여 설계상의 문제점이나 제조공정상의 예상 문제점을 상호협의하여 설계초기에 각종 문제점을 제거하고자 노력하기도 한다. 심지어 몇몇 성공적인 JIT기업들은 협력업체들에게 알아서 필요한 수량을 공급하도록 전적으로 맡기기도 한다.

예를 들어 어느 컴퓨터 디스크드라이브 제조업체는 매일 4시, 조립라인의 작업자가 협력업체에 전화를 걸고 내일 모레 특정 고가부품을 몇 개 가져오라고 전화한다. 그 부품들은 라인으로 바로 들어온다. 중간에 창고를 거치지도 않고, 재고 기록부에도 남지도 않으며 검사도 받지 않는다. 들어오는 바로 그날 완제품으로 조립된다. 협력업체는 완성품이 재고로 입력되면서 대금지불을 받는다. 이와 같은 신속한 대응을 가능하도록 하기 위해 매주 필요한 물량에 관한 정보를 협력업체에게 공급함으로써 생산의 안정성을 확보할 수 있도록 지원한다.

지역적으로 먼 거리에 있는 협력업체의 경우 그 근처의 다른 협력업체를 돌면서 한꺼번에 필요한 양을 공급함으로써 불확실성을 제거하고 물류비용을 줄이며 숨겨진 공장의 비용을 직접 공략할 수 있는 기회도 제공한다. 예를 들어, 고객회사는 협력업체에게 필요한 양만큼만 담을 수 있는 컨테이너를 제공하는데 이때 바로 이 컨테이너가 간판과 같이 움직인다. 또 포장·포장벗기기·포장재 수거비용도 절감할 수 있으며, 고객트럭에 특수랙(rack)을 설치하여 파손도 방지할 수 있다. 불량품은 보고할 필요나 서류처리할 필요도 없이 곧 바로 반송된다. 이처럼 다른 서류처리업무도 중간에 누가 개입할 필요도 없이 문제 확인과 시정조치가 바로 연결되어 신속히 처리될 수 있다.

〈그림 7-2〉 신뢰와 평등의 관계

주문량 크기와 리드타임

제조현장에서 1회 생산량을 필요 이상으로 늘리면 여러 가지 부작용이 발생한다는 것은 이미 충분히 논의한 바 있다. 협력업체를 하나의 작업장이라 간주한다면 같은 맥락에서 1회 주문량의 확대가 가져올 수 있는 부작용을 생각해 볼 수 있다. 많은 물량을 한꺼번에 주문(큰 로트로 주문)하면 가격할인을 받을 수 있을 것이다. 재고유지비용보다 더 크게 할인 받으면 파트 부속을 꺼릴 필요도 없으며 원가측면에서도 손해는 없다는 생각이 앞선다. 이번에는 협력업체의 입장을 생각해 보기로 하자. 물론 초기에는 이런 식의 주문이 나쁠 것이 없다고 생각할 것이다. 그런데 이 협력업체의 다른 고객도 같은 생각하에 큰 물량을 할인된 가격에 주문했다고 하자. 이런 식으로 계속 전개되면 리드타임은 길어지고 고객들은 더 일찍 더 많은 물량을 주문하게 되어 문제를 더 심각하게 만든다. 본 업체의 구매담당자는 가격할인으로 인한 원가절감으로 칭찬을 받을 수도 있다. 그러나 협력업체는 큰 로트의 주문이 공장을 뒤덮으면서 품질은 나빠지고 생산원가는 치솟게 된다. 경영층은 이 문제를 해결하기 위해 생산성증대를 위한 전사적 운동에 들어가곤 한다. 그러는 동안 잔업은 늘어나고 리드타임은 계속 길어져만 가고 고객들의 항의전화는 계속 증가한다.

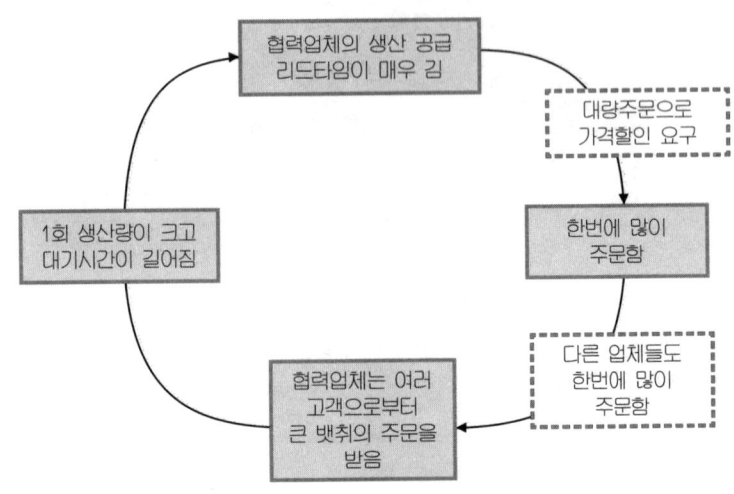

〈도표 7-3〉 협력업체의 리드타임 악순환 사이클

이와 같은 협력업체의 품질, 납기문제는 곧 바로 해당업체의 문제로 연결된다. 오랜 리드타임 끝에 도착한 파트를 마지막 조립라인에 투입하기 위해 작업장에 투입했을 때 완성후 검사단계에서 불량으로 판정되었다면 이제 이 파트를 무료로 다시 만들어 준다 하더라도 이미 때는 늦었다. 또한 협력업체는 긴급히 다시 만들어서 불량의 원인도 파악하지 못한 채 지나간다. 한편 해당업체는 지금부터 잔업, 주말근무 등을 통해 뒤죽박죽인 생산스케줄을 맞추어 나가야 할 것이다. 싸게 파트를 구입했지만 마지막판에 벌어진 해프닝으로 별로 남은 것도 없이 다른 고객들에게조차 납기를 지키기 어려운 지경에 처한다. 이외에도 협력업체의 리드타임이 길수록 해당업체는 먼 훗날까지 포함한 긴 시간을 대상으로 예측해야 한다. 물론 예측의 정확도는 떨어지고 재고는 어떤 식으로든지 쌓이게 된다. 이 모든 것 역시 비용으로 연결된다.

결론적으로 협력업체들도 해당업체와 같이 리드타임을 줄이기 위한 혁신에 들어가야 한다. 물론 구매부서 역시 리드타임 단축이 가져다 주는 전략적 효과에 대해 교육을 받아야 한다. 대량구매의 폐해에 대해 제대로 이해하고 있어야 하고 평가지표를 단순히 값싸게 구매한 것에 두지를 않고 협력리드타임의 단축에 초점을 두어야 한다. 이런 변화가 문제를 불러일으키지 않기 위해서는 중요 결정과 결재에 참여하는 상위 의사결정 계층들이 교육에 참여해야 한다. 그렇지 않으면 어느 순간에 기존의 비용·물량위주의 평가지표로 되돌아가기 때문이다. 한 두 명의 몰지각한 임원들의 결정이 모든 혁신을 원상으로 돌려버리기 때문이다.

협력업체의 입장에서는 고객이 대량주문 및 이에 따른 가격할인을 요구하더라도 가급적 1회 주문량의 크기를 줄이도록 설득해야 한다. 그 이유는 명백하다. 이처럼 한 고객의 배취가 커지면 다른 고객들에게 할당해야 하는 자원의 효과적인 배분이 어려워지고, 이 고객뿐만 아니라 다른 고객으로부터도 1회 주문량이 커지게 되면 총체적으로 리드타임은 길어지는 악순환이 전개되기 때문이다.

고객입장에서도 어차피 그 많은 양을 한꺼번에 사용하지는 않는다. 아마도 주문은 한꺼번에 하지만 협력은 여러 번에 나누어 해도 무방할 것이다. 만약 리드타임이 길어서 그런 현상이 발생했다면 문제의 근원은 당사자에게 있다. 리드타임이 짧아지면 고객입장에서도 언제나 공급받을 수 있는데 구태여 한꺼번에 많은 양을 주문하거나 협력받기를 원하지는 않을 것이다. 고객입장에서도 리드타임이 다른 업체보다 짧은 기업에서 구입하면 다음과 같은 전략적인 혜택이 돌아온다.

- 수요예측에 많은 노력을 기울일 필요가 없다.
- 긴급주문이나 생산스케줄 수정에 드는 비용을 줄일 수 있다.
- 신제품개발속도를 높힐 수 있다.
- 가장 최근에 개발된 부품을 이용할 수 있다.
- 재고비용이 크게 줄어든다.

이런 내용은 마케팅부서에서 고객을 유인하기 위한 전략적 무기로 사용할 수 있다. 그러므로 협력업체의 평가는 단순히 품질, 가격, 정시납품의 세 가지 지표에서 벗어나 리드타임 단축을 최우선으로 한 뒤 이들 세 요소를 평가하는 것이 바람직하다. 빨리빨리전략하에서는 지역적으로 가까이 위치한 협력업체를 선호한다. 우선 리드타임이 그만큼 줄어들고 품질이나 스케줄상 문제가 발생하더라도 신속히 접촉이 가능하기 때문이다. 특히 외국기업으로부터 공급받는 경우는 다음과 같은 문제점이 발생할 수도 있다.

- 긴급주문에 대한 추가운송비용 부담
- 리드타임이 길어짐에 따른 안전재고 유지비용 추가
- 수입의 경우 국내에서의 구입에 비해 각종 서류 처리가 복잡(통관절차까지 포함)
- 품질이 불량일 경우 발생하는 비용, 특히 의사소통의 문제와 먼 거리로 인한 문제점
- 긴 리드타임 및 그에 따르는 여러 가지 변동에 따른 불확실성의 비용

이 모든 것들이 결국 간접비용으로 추가된다. 따라서 이 비용까지 모두 고려하여 협력업체를 선정해야 한다.

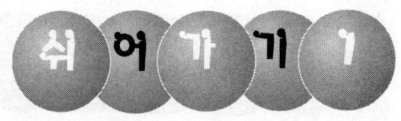

인터넷서 협력사와 업무처리 OK

보안전문업체인 에스원은 인터넷을 통해 협력회사와 각종 업무를 처리할 수 있는 '협력회사 온라인 시스템'을 개설했다. 경영정보시스템(MIS)을 통해 사내 주요 업무를 자동화한 이 회사는 협력업체와의 업무 효율성을 혁신적으로 높이기 위해 별도의 시스템을 마련한 것이다. 공사, 구매 등과 관련한 에스원의 협력업체는 현재 50개사다. 이들 협력업체와 1년동안 주고 받는 정보 건수는 약 39만여건이다.

이중 업무 처리과정에서 오류가 발생하거나 누락되는 사례도 수만 건에 이른다는 게 회사측 설명이다. 이런 이유로 인해 작업이 지연되는 사례도 적지 않았다. 이같은 문제를 원천적으로 없애라는 배동만 사장의 지시에 따라 이 회사 정보화 사업팀은 지난해 말부터 업무 분석 및 시스템 개발에 들어갔다.

초기 시스템을 개발한 에스원은 지난 6월부터 4개사를 대상으로 시범 운영에 들어갔다. 시행 과정에서 발생할 수 있는 문제점을 사전에 파악하는 방식으로 시스템을 보완했다. 이같은 과정을 거쳐 완성한 시스템을 12월말부터 공사업체 40개사 2백32개팀에 확대 적용키로 한 것이다. 협력업체 온라인 시스템은 업무 프로세스를 단순화하고 스피드화하는 데 초점이 맞춰져 있다.

공사발주 기기구매 구입검사 기기수리 설계변경 업체제안 등에 대한 모든 업무를 인터넷으로 할 수 있도록

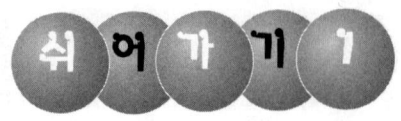

꾸몄다. 공사 발주의 경우 12개의 화면으로 이뤄져 있어 용도에 따라 협력업체들이 활용할 수 있다. 쉽게 말해 e 메일과 게시판을 이용해 각종 문서를 주고 받고 제품 개발에서 설계와 생산에 이르기까지의 업무를 온라인으로 처리하게 됐다고 회사측은 설명했다. 이를 통해 구매 발주의 기간을 7일에서 하루로 단축했다. 이 회사는 전화 및 팩스를 사용하지 않고 업무를 처리할 수 있게 돼 연간 20억원 이상의 경비절감 효과를 거둘 것으로 기대했다. 또 협력업체와 공동노력을 통해 고객에 대한 서비스의 질을 높일 수 있을 것으로 예상했다.

「한국경제」 2000년 12월 19일

인터넷 구매시스템

　포항제철의 현장부서는 필요한 물품의 견적 내용을 사내 인트라넷을 통해 띄우기만 하면 된다. 현장에서 구매를 원하는 품목에 대한 정보는 인터넷상에서 계약단위로 자동적으로 다시 짜져 대외 정보로 일반에게 공개된다. 현장부서는 구매신청서에 단가 사양을 명기하고 클릭 한 번 하는 것으로 모든 주문이 끝나는 셈이다. 가격협상이나 계약은 구매부서에서 담당한다. 예전처럼 서류와 설계 도면을 들고 뛰어다닐 필요가 없게 됐다.

　포항제철은 98년 4월부터 사내 전산망(인트라넷)을 활용, 인터넷 구매시스템을 도입했다. 이전에도 부가통신망(VAN)으로 구매를 해왔지만 부가통신망은 도면 규격서 등의 송수신이 불가능했다. 당연히 구매 효율이 떨어졌다. 그래서 포항제철은 모든 정보를 편리하게 주고 받을 수 있는 인터넷 구매시스템을 구축하게 되었다. 이미 구축된 포철의 인트라넷을 활용하는 만큼 구매시스템을 도입하는 데 별도의 투자도 필요하지 않았다고 한다.

　포철은 우랑 협력업체 5백35개사를 포함해 총 2천여개 중소기업으로부터 기자재를 공급받고 있다. 한번 계약을 한 후 필요할 때마다 기자재를 납품받는 '단가구매' 외에 그때 그때 필요한 품목에 대한 주문건수만 1만여건이 넘는다. 연간 총 구매액이 6천5백억원규모가 된다. 포철은 인터넷 구매시스템을 도입한 후 구매 관련 부서의 인력을 20%가량 줄일 수 있었다. 거래의 투명성을 확보할 수

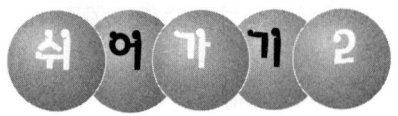

있게 된데다 행정절차가 그만큼 줄었기 때문이다.

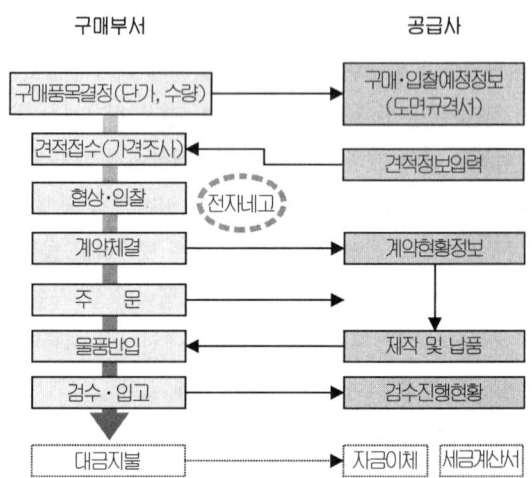

〈도표 7－A〉▶
인터넷을 통한
구매절차

공급사 입장에서도 편리하기는 마찬가지다. 예전에는 규모에 관계없이 포철이 실시하는 입찰에 참여해 기자재를 납품한 후 대금을 받을 때까지 6, 7회씩 포철을 찾아야 했다. 그러나 이제는 그럴 필요가 없게 됐다. 공급사들은 제품의 사양을 담은 도면 규격서 등 입찰명세를 검토한 후 가격을 보내는 것으로 입찰 참여는 끝난다. 물론 구매와 관련된 모든 작업이 다 인터넷으로 가능한 것은 아니다. 아직은 계약을 체결하고 생산제품을 납품할 때는 기자재 공급업체 담당자가 포철을 찾아야 한다. 제도 미비로 전자서명이 어렵고 세금계산서도 직접 주고 받아야 하기 때문이다.

「한국경제」 1999년 7월 21일

8. 신제품개발의 리드타임 축소전략

전통적 신제품개발과정의 문제점

소비자가 원하는 새로운 제품이나 서비스를 경쟁업체보다 신속히 개발하여 싼값에 시장에 공급할 수 있다면 경쟁이 치열해지더라도 걱정할 것이 없다. 경쟁회사보다 빨리 신제품을 개발하여 시장에 소개하면 당연히 시장에서의 독점적인 위치로 인해 경쟁기업이 따라 올 때까지 독점이익을 누릴 수 있다. 물론 가격도 높게 설정하여 개발비를 단기간내에 회수할 수 있다. 이와 함께 제품개발 리드타임의 단축은 〈도표 8-1〉에서와 같이 경쟁기업보다 늦게 개발에 착수했지만 거의 같은 시기에의 완제품 출시를 가능하게 해준다. 가령, 2년 정도 늦게 개발을 시작했다면 제품생산에 투입되는 자재, 기술, 설비가 모두 최고 2년 정도 앞선 것이 된다. 같은 제품을 더욱 우수한 설비와 기술로 생산이 가능하며 그만큼 짧은 시간내에 개발을 완료하면 개발에 따른 간접비도 절감된다. 그뿐만 아니라 소비자의 수요와 욕구에 대한 예측도 최고 2년 정도 더 가까운 미래를 보고 하게 되어 예측의 오류도 줄어든다. 결과적으로 소비자 입장에서 보면 더 좋은 소비자의 요구를 더 잘 반영한 제품을 더 싸게 구입할 수 있게 된다.

〈도표 8-1〉 신제품개발 리드타임 축소의 전략적 효과

그러나 단지 제품설계의 스피드만을 감안하여 개발을 담당하는 엔지니어들이 조직의 가장 중요한 고객인 제조부서의 생산기술이나 양산능력을 감안하지 않고 설계의 완성이라는 목표만을 지향한다면 설사 설계를 완성했다 하더라도 이는 단지 일시적인 설계중단에 불과하다. 제조공정의 설계와 양산능력점검 등의 과정을 거치는 가운데 최초의 설계내용은 거의 남아 있는 것이 없을 정도가 된다. 제품구조가 복잡하지 않은 경우에도 밀려있는 일감을 빨리 처리하기 위해 작업현장의 기술수준을 알아볼 생각도 하지 않고 대략 제품의 규격과 공차를 결정하여 작업장에 건내주는 경우가 많다. 또 밖에서 손쉽게 구할 수 있는 부품을 쓸 수 있도록 설계하기보다는 무관심과 무지함으로 인해 만들기 어렵고 시간도 많이 걸리는 설계쪽으로 진전된다. 제품개선이라는 명목 하에 설계변경과 엔지니어링수정을 하면서도 이에 관한 계획과 자료를 제조부서에 제 때에 넘겨주지 않기도 한다.

결국 설계·엔지니어링부서와 제조부서 사이를 수십 차례 왕복하고서야 최종적인 설계가 완성된다. 처음에 빨리 끝내고자 하는 노력은 결국 시간을 더 지체시키는 결과를 낳는다. 설사 생산에 들어갔다 하더라도 생산도중의 설계변경을 막을 수는 없으며 이는 곧 기존부품의 폐기, 생산계획의 변경, 주문적체, 소비자 불만의 증가로 이어질 수밖에 없다. 특히 하나의 제품이 다수의 부품으로 구성되어 있을 때 부품 하나의 설계변경은 다른 부품의 설계에 큰 영향을 미칠수 있다. 예를 들어 자동차와 같은 경우, 엔진, 트랜스미션, 브레이크 등 여러 부문에서 수없이 많은 설계도면을 그리고 수정하는 작업이 이루어지고 있다. 이들 작업들은 서로 밀접히 연관되어 있으며 어느 한 부문에서의 설계변경은 다른 사람이 작업하는 부품설계에 큰 영향을 미친다. 만약 변경에 관한 자료가 제때에 전달되지 않거나 미리 의사소통이 되어있지 않다면 이들 부품들은 서로 맞지 않아 나중에 큰 혼란과 손실을 초래할 가능성이 높다.

물론 자동차나 가전제품과 같은 막대한 자금과 인력을 투자해야 하는 대량 생산 품목에만 설계부문과 제조부문의 통합적 노력이 필요한 것은 아니다. 이들 품목을 생산하는 기업들은 대개 대기업으로 연구부문, 설계부문, 기술부문, 제조부문 등이 각각 거대한 독립부서로 자리잡고 있어 부문별 이기주의의 폐해가 크기 때문에 자주 거론된다. 그러나 기업규모에 관계없이 설계의 역할이

혁신적으로 개혁되어야만 제조부문의 전체적 경쟁력을 강화할 수 있다. 설계를 반드시 제품기술이나 첨단제조기술의 개발과 연계시킬 필요는 없다. 조그마한 개선과제에서도 설계부문의 역할은 크다. 예를 들어 여러 개의 부품을 조립하여 생산하는 경우 부품의 결합위치가 정확하지 못하여 불량이 생기는 경우가 많다. 현장작업자들을 중심으로 조립방법에 대한 훈련을 갖거나 QC분임조를 동원하는 것보다는 한 방향으로만 조립될 수 밖에 없도록 부품의 설계를 고치는 것이 낫다. 회로에 납땜불량이 많이 생기면 납땜을 필요로 하지 않는 또는 납땜회수를 줄일 수 있는 제품의 설계를 모색하는 것이 훨씬 저렴한 대처방안이다. 설계개선이 반드시 하이텍 기술만을 요구하는 것은 아니다.

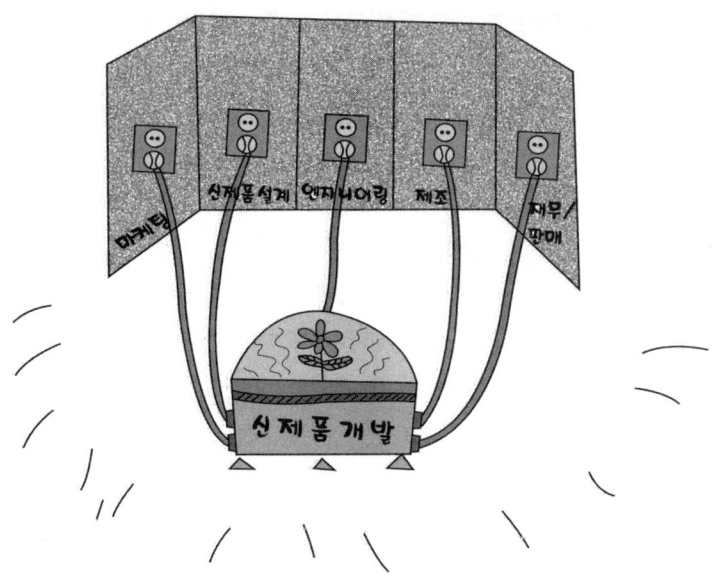

〈그림 8-1〉 전 부문의 협력위에 피는 꽃 - 신제품

제품의 설계비용은 원가의 5%에 불과하지만 제조원가의 70% 정도를 결정짓는다고 한다. 따라서 제품의 설계개선이 이루어지지 않은 상태에서의 제조원가 절감이란 제조부서에만 큰 짐을 지우는 극히 비효과적인 방법이다. 아이디어창출에서 샘플 제작쪽으로 개발작업이 진행되어 갈수록 설계변경이나 아이디어

추가에 드는 비용이 급증하며 실제 수정할 수 있는 폭도 점점 더 좁아진다. 제품설계의 개선이 이루어지지 않으면 품질향상과 원가절감을 위한 노력은 곧 한계에 이르고 만다. 주어진 설비와 작업방법을 개선하여 열심히 일하는 것도 중요하지만 만들기는 쉽게, 불량품이 발생하기는 어렵게 제품을 설계할 수 있다면 품질과 원가문제까지 동시에 해결할 수 있다. 제품기술과 생산기술을 독자적으로 개발하지 않았다고 하더라도 개선의 여지는 대단히 많다. 다만 문제는 어떻게 그런 노력과 활동을 통합하고 이끌어 나갈 것이냐에 있다. 남의 기술을 도입하여 생산한다고 하여 아무런 수정이나 개선없이 그저 가르쳐 준대로만 한다면 그 다음 차원의 기술이 개발되면 또 다시 남의 것을 얻어올 수 밖에 없다.

신제품을 경쟁업체보다 신속히 개발하여 시장에 내놓을 수 있는 초우량기업들은 무엇인가 근본적으로 다른 점이 많다. 이들 기업들은 생산라인의 신축성과 대응성을 증진시키는 데 적용하였던 원리들을 신제품설계와 양산설비준비과정에도 적용하였다. 신속한 제품개발과 양산준비를 할 수 있는 능력을 갖춘 우량기업의 개발조직은 시장변화에 신속히 대응할 수 있는 공장조직과 유사점이 많다. 우선 '로트의 크기'를 보면 개발주기가 짧고 신제품개발회수는 높다. 신제품개발의 신속성을 자랑하는 조직은 신축성 있는 공장조직과 같다. 신제품개발에 필요한 모든 인적자원을 한 곳에 모아 팀을 구성하도록 한다. 마케팅, 신제품설계, 엔지니어링, 제조 그리고 필요하다면 재무와 판매부서의 전문가까지 팀에 참여시켜 신제품 성공의 가능성을 높이고 개발리드타임 축소에 협조하도록 한다.

신제품 개발 리드타임의 축소

신제품 개발에 소요되는 리드타임이 단축될수록 시장에서의 성공가능성과 예상이익은 증가한다. 최근의 컴퓨터 프린터 시장에 대한 연구가 이러한 결과를 뚜렷이 보여준다. 〈도표 8-2〉는 개발예산 초과, 품질문제 등에 의한 이익의 감소분을 시장에 늦게 진입함에 따른 이익의 감소분과 대비하여 상대적으로 표시하고 있다. 이러한 상황에서 시장에 진입하기까지의 소요 시간이 제품 수명주기에 걸친 총이익의 주요 결정인자가 된다는 사실은 명확하다. 그러나 중요한 것은 시장진입에 소요되는 시간만이 아니다. 일단 제품이 시장에 나오게 되면 수요에 신속히 대응하는 능력 또한 중요하다. 이때 시장으로의 재공급 리드타임이 제품 수명주기 동안의 수요를 이용할 수 있는 한 조직의 능력을 결정한다. 주문에서 납품까지의 사이클을 단축할 수 있는 회사가 그렇지 못한 경쟁자보다 확고한 우위를 점한다는 것은 명백한 사실이다.

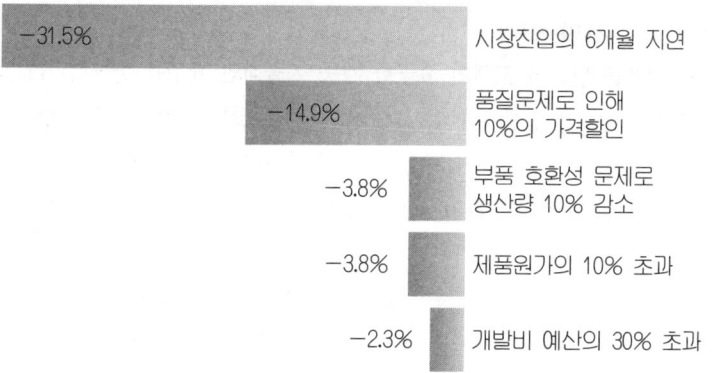

〈도표 8-2〉 프린터 개발시의 문제점들이 이익감소에 미치는 정도
(Christopher, M., Logistics and Supply Chain Management,
Financial Times, Irwin, N.Y., 1994, pp. 207 - 209)

자동화와 제품의 설계

대규모의 자동화설비를 도입하게 되면 대개 제품의 표준화와 파트구조의 단순화를 전제로 하는 경우가 많다. 사람만큼 신축성이 없는 로봇이나 각종 자동화기계들을 써서 생산하기 위해서는 제품의 종류도 적고 파트나 부품의 구조도 간단해야 한다. 그렇다면 자동화를 도입하지 않더라도 같은 방법을 통해 제품의 구조를 간단히 하고 파트의 개수를 줄임으로써 자동화 자체의 도입을

불필요하게 할 수 있지도 않을까? 자동화도입의 준비과정을 철저히 함으로써 자동화시스템 그 자체의 도입을 불필요하게 만들 수 있었던 가장 좋은 예는 IBM의 프로프린터(Proprinter)프로젝트이다. IBM은 신형 프린터 조립공정의 자동화에 앞서 표준화된 부속과 부품을 사용할 수 있도록 설계를 개선하고 필요한 부품가지수를 줄임으로써 제조공정을 단순화했다. 결과적으로 신형 프린터의 부속수는 160개에서 63개로 줄었으며 프린터 1대의 조립에 평균 3.5분 밖에 걸리지 않아 이미 완공해 놓은 고도의 자동조립공정을 쓸 필요가 없어졌다고 한다. 엄청난 자금을 각종 자동화에 투자하기에 앞서 제품과 작업공정의 단순화부터 고려해야 한다.

제품의 설계를 단순히 고객이 요구한 각종 기술적인 요구를 충족시키는 것 정도로만 생각한다면 경쟁에서 이겨나가기가 쉽지 않다. 같은 수준의 품질의 비슷한 기능을 가진 제품이라면 경쟁제품보다 가격이 낮아야만 인기가 있을 것이다. 특히 가격경쟁이 치열해지는 요즈음에는 보다 쉽게 만들수 있도록 제품의 설계과정이 혁신적으로 바꾸어져야 한다. 생산가능성과 용이성에 대한 고려를 별로 하지 않고 단순히 기술적인 요구만을 기초로 한 설계는 양산에 들어가기에 앞서 그리고 양산에 들어간 뒤에도 상당한 설계변경을 필요로 하는 경우가 많다. 이 모든 것이 낭비고 불필요한 시간과 노력만을 헛되이 투자하는 꼴이다. 특히 가격이 중요 경쟁요소일 경우에 설계부문의 중요성은 더해 간다. 다행히도 엔지니어링부서와 제조부서 그리고 설계에 영향을 미치는 여러 다른 부서간의 노력의 통합을 목표로 하는 몇 가지 접근방법이 많이 소개되고 있다.

컨커런트 엔지니어링

제품의 디자인은 전통적으로 뱃취스타일이다. 마케팅부서는 고객의 니즈를 결정하고 제품엔지니어는 거기에 맞추어 설계하고, 시제품부서는 디자인을 테스트하기 위해 시제품을 만들고 치공구 제작부서는 승인된 시제품을 양산하기 위한 설비와 공구를 설계한다. 제조 엔지니어링부서는 이런 치공구를 이용하여 프레임을 어떻게 가공할 것이며 여러 부품들을 어떻게 조립할 것인가를 고민해 낸다. 한편 구매부서는 디자인이 최종 확정되면 소요 부품들의 구매할 준비를 하고 계약과정을 거쳐 공급스케줄을 작성한다.

그렇다고 신제품 디자인을 하나만 개발하는 것도 아니다. 여러 개의 신제품 디자인이 동시다발적으로 여러 부서를 순차적으로 돌면서 처리된다. 이 과정에서 당연히 대기현상이 발생한다. 경우에 따라서는 재작업을 위해 거꾸로 돌아가기도 한다. 또 설계도면을 실제 생산이 가능하도록 공구를 고치거나 설비를 개조하기도 한다. 결국 아무도 책임지지 않는 또는 책임질 수조차 없는 시스템이 구축되고 만 것이다. 물론 평가나 보상시스템도 이런 분권화를 유발시킨다.

이에 반해 컨커런트 엔지니어링은 병렬식 처리를 통한 개발시간의 단축을 목표로 한다. 컨커런트 엔지니어링은 제품의 품질과 성능을 결정하거나 이에 영향을 미치는 여러 부서의 전문가들로 구성된 팀을 통해 설계가 이루어지도록 한다. 즉 컨커런트 엔지니어링은 전통적인 직렬식 설계과정을 배제하고 대신 〈도표 8-3〉과 같이 제품개발과정을 구성하는 다양한 활동을 동시에 수행해 가도록 하는 설계의 통합화원리를 지향한다.

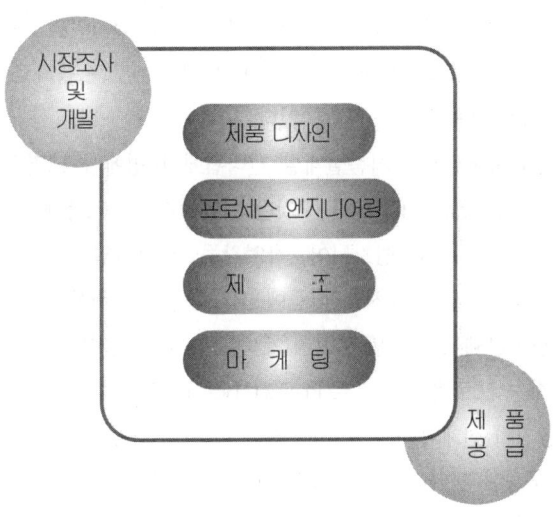

〈도표 8-3〉 컨커런트 엔지니어링식 제품개발

컨커런트 엔지니어링의 핵심은 개발팀에 있다. 제품개발에 필요한 모든 기술과 기능을 하나의 팀에 갖춘 조직이 필요하다. 스펙의 결정, 개략적 디자인, 상세설계, 구매, 치공구개발, 생산계획 등 여러 활동이 한 사무실에서 체계적으로 이루어져야 한다. 여기에는 이미 그 가치가 입증된 품질기능전개(QFD) 시스템이 지원해야 한다. 그래야만 제품개발이 표준화되고 어떤 개발을 시도하더라도 똑같은 과정을 거쳐갈 수 있다. 그뿐 아니라 개발 리드타임의 측정이 가능하고 디자인 개발과정의 지속적 개선이 가능해진다. 진정한 개발팀에 QFD의 무기로 무장하여 가치를 확인하고 재작업이나 역흐름을 방지하게 되면 제품개발을 물흐르듯이 앞으로만 흐른다. 개발시간과 비용 측면에서 50% 이상의 절감이 나타난다.

그렇다고 이런 팀을 구성하는 데 많은 사람들이 필요한 것도 아니다. 대개의 전문가들은 자신이 생각하거나 인정하는 것보다 더 많고 폭넓은 기술과 능력을 보유하고 있음을 알아야 한다. 팀이 구성되고 무조건 완성하시오라는 오더가 떨어지면 대개 자신들이 생각하지 못했던 다양한 일들을 알 수 있음을 알게 되고 또 거기서 이전에는 맛볼 수 없었던 즐거움을 느끼게 된다.

컨커런트 엔지니어링은 제품개발비용의 30%절감, 100% 이상의 품질개선, 제품개발시간의 60% 절감의 효과를 가져왔다고 한다. 컨커런트 엔지니어링의 원리를 도입하여 설계부문의 혁신을 이룩한 기업의 예로는 폴라로이드, 모토롤라, 크라이슬러, 제록스 등을 들 수 있다.

폴라로이드(Polaroid)사는 제품설계실 건너편에 10명에서 12명으로 구성된 프로그램오피스(program office)라는 것을 만들었다. 이 그룹에는 구매, 품질보증, 테스트엔지니어, 제조엔지니어, 작업감독, 현장작업자가 참여한다. 이 그룹은 제품설계팀과 같이 일하며 나중에 시작품생산을 위한 미니생산라인도 구축하며 생산이 본궤도에 오를 때까지 계속 유지되며 설계변경까지도 책임진다. 모토롤라사는 프로젝트 벤디트(Project Bendit)라는 팀을 통해 아주 성공적인 무선호출기의 설계와 생산에 성공하였다. 서로 다른 여덟 부서에서 착출된 사람들로 구성된 벤디트팀은 통합된 제품설계, 공정설계, 지원시스템을 개발하도록 하였다. 이 팀은 18개월만에 새로운 무선호출기를 개발하여 자동화된 혼합생산라인에서 생산할 수 있도록 하였다. 이 제품들이 대성공이었음을 물론 말할 것도 없다.

생산을 쉽게 하기 위한 설계방침

설계와 생산의 통합원리는 DFM(Design for Manufacturability)를 통해 그 효과가 더욱 빛난다. DFM는 좀더 만들기 쉽도록 설계를 이끌어가는 디자인원리를 말한다. 이 개념은 1980년 미국의 로드 아일랜드대학의 제프리 부스로이드교수가 "Design for Assembly"라는 연구논문을 발표함으로써 더욱 체계가 잡히게 되었다. DFM은 제조현장에서 작업을 손쉽게 하기 위해 설계과정에서 감안해야 할 설계의 기본원리를 의미한다. 그후 일본의 히타치(Hitachi)의 생산공학연구소가 부스로이드교수의 세미나에 연구원들을 보내 그 나름대로의 DFM을 수립하였으며 그후 GE는 히타치의 DFM을 기본으로 좀더 개선한 후 영어로 교육자료를 개발하였다. 이제 DFM은 여러 다른 분야에 폭넓게 퍼져가고 있다. 예를 들어 손쉽게 페인트를 칠할 수 있도록 자재선택과 형태를 선택하는 원리를 의미하는 Design for Finish Quality, PCB조립에 관한 Design for PCB Assembly 등이 개발되었다. 이제 DFM은 서비스부문에까지 확장되는 실정이다.

1993년 맥킨지 글로벌 연구소는 미국, 일본, 독일의 9개 산업분야에서의 생산성 차이에 대한 조사결과를 발표하였다. 이 보고서에서 가장 흥미있는 내용은 산업별로 생산성에 영향을 미치는 주요 요소에 대한 연구내용이다. 자동차, 자동차부품, 가전제품, 금속계통산업에서 생산성에 가장 큰 영향을 미치는 요인은 DFM과 제조조직의 구조인 것으로 나타났다. 어떤 산업분야이든 간에 생산성에 영향을 미치는 요인들은 대개 경영자의 의사결정 결과인 경우가 많다. 특히 DFM이나 제조조직의 구조와 같은 요소는 전적으로 경영자의 의사결정 결과이다. 경쟁제품과 비교해서 기능이나 겉모양은 별 차이가 없으면서도 제품구조가 복잡하지 않고 사용하는 파트수가 적으며 또한 조립하기도 쉽다면 이는 경쟁력 강화에 큰 기여를 할 수 있다. 이 보고서에 의하면 DFM을 도입한 일본기업들은 생산성 측면에서 혁신적인 결과를 얻을 수 있었다고 한다.

DFM원리를 적용한 대표적인 상품으로는 미국 NCR사의 현금출납기(cash register)를 들 수 있다. 비즈니스위크(Business Week)지에도 소개된 이 제품은 겨우 15개의 부품으로 구성되어 있어 엔지니어가 눈을 감고도 2분만에 조립할 수 있다고 한다. 구모델은 110개의 파트로 구성되어 있었지만 새 모델은 나사를 사용하지 않고 조립할 수 있도록 설계가 되어 모든 파트를 제자리에 손으로 눌러 끼워 넣기만 하면 완성된다고 한다.

DFM원리는 〈도표 8-4〉에 몇 가지가 수록되어 있다. 이같은 DFM가이드라인은 상당히 상식적인 것으로 보여도 그리 널리 확산되지 못했다. 설계를 담당하는 고급엔지니어들은 제조나 운영적인 손쉬움을 염두에 두고 개발하기보다는 제품의 기능만을 생각하는 경향이 있으며, 특히 밖에서 구할 수 없는 아주 독특한 파트를 설계하는 것이 설계자의 능력과 일치한다고 생각하는 오류를 범하기 때문이다. 만들기 쉬운지 어려운지, 생산비가 많이 들지 적게 들지 그들의 소관은 아니라고 생각하는 한 DFM이 눈에 들어올 리가 없다. 이제 〈도표 8-4〉에서 몇 가지만 살펴보기로 하자.

① 파트의 가지수를 최소화해라.
② 모듈러디자인을 적극 감안하라.
③ 한 파트가 여러 기능을 할 수 있도록 설계하라.
④ 한 파트가 여러 용도에 쓰일 수 있도록 설계하라.
⑤ fabrication이 쉽도록 설계하라.
⑥ 가급적 여러 개의 fastener나 connector를 쓰지 않도록 하라.
⑦ 여러 방향으로 조립할 필요가 없도록 해라.
　　즉 위에서 밑으로 조립할 수 있도록 설계하라.
⑧ 조립하기 쉽게 설계하라.
⑨ 취급하기 쉽게 설계하라.
⑩ 조립방법을 평가하라.
⑪ 조립공정에서 조정(adjustment)할 필요가 없도록 설계하라.

〈도표 8-4〉 DFM의 가이드라인

파트 가지수의 축소　제품생산에 필요한 부속이나 부품의 가지수를 줄이고 밖에서 손쉽게 구할 수 있는 부품의 사용비율을 높이면 제조원가는 당연히 줄어든다. 개별부속은 언젠가 완제품 속으로 끼어 들어간다. 따라서 부품이나 부속수가 많을수록 조립에 소요되는 시간과 비용이 더 소요될 것이며 이들 부품과 부속의 구입과 관리를 위한 간접비용 역시 증가할 수밖에 없다. 즉 작업단계의 축소, 실수의 발생가능성 저하, 노동력절감, 훈련의 용이, 작업매뉴얼의 작성의 용이, 협력업체수의 감소, 각종 거래업무의 감소, 관리필요성의 저하 등의 효과가 자동적으로 수반된다. 따라서 부품수를 줄이면 직접적인 생산비용이 절감되는 것은 물론 간접비도 줄어든다.

부품수의 축소는 여러 개의 부품이 수행하던 기능을 하나의 부품이 대신할 수 있도록 설계변경하거나 같은 부품이라도 그 위치를 달리함으로써 기존에 쓰였던 부품이나 부속을 없앨 수 있도록 함으로써 가능하다. 물론 그렇다고 하여 간단한 구조를 가진 여러 개의 부품이나 부속을 구태여 하나의 복잡한 부품으로 전환시킬 필요는 없다.

조립작업의 단순화　조립작업의 경우 가이드라인 ①, ⑥은 특히 중요하다. 예를 들어 어느 부품이 두개의 파트와 이 둘을 하나로 조립하는 데 필요한 Fastener로 구성되어 있다고 생각해보자. 설계팀은 (a) 이 두 파트중 어느 하나가 움직이거나 회전하는 것인가?; (b) 둘다 서로 다른 자재를 써서 만들어야 하나?; (c) 이 둘중 어느 하나는 나중에 서비스를 받기 위해 빼낼 필요가 있는가의 세 가지에 대해 잘 생각해 봐야 한다. 만약 이 물음에 대한 답이 아니오(No)면 이를 하나의 파트로 재설계할 필요가 있다. 파트의 가지수를 줄이면 획기적인 원가절감을 기대할 수 있다. 가이드라인 ⑦, ⑧도 조립공정에 많이 적용된다. 예를 들어 파트조립시 오직 한 방향으로만 조립이 되도록 한다든가 또는 용도에 따라 연결고리(connector)의 형태나 색상을 달리 하여 실수를 방지하도록 할 수 있다.

모듈러 디자인　제조공정을 단순하게 유지하면서도 소비자들에게 다양한 제품을 제공할 수 있는 가장 손쉬운 방법은 기본설계는 확정해놓고 고객의 요구에 따라 다양한 선택사양을 추가하는 것이다. 자동차, 기계공구, 컴퓨터, 가구, 펌프 등은 선택사양을 이용하여 제품의 다양화를 꾀하는 품목들로 볼 수 있다. 소비자가 원하는 사양을 신속히 제공할 수 있다는 것은 큰 힘이 된다. 그러나 문제는 얼마나 쉽게 선택사양을 추가할 수 있는가이다. 한 제품에 추가할 수 있는 선택사양의 구조를 체계화함으로써 사양의 추가가 제조원가를 필요 이상으로 올리는 부작용을 막아야 한다. 모듈러 디자인(modular design)은 바로 이 선택사양의 체계화에 기여할 수 있는 디자인 원리다. 여러 개의 독립된 모듈로 하나의 제품을 구성할 수 있도록 제품을 설계하며 각각의 모듈은 독자적으로 조립·검사되며 고객이 원하는 선택사양에 따라 최종조립단계에서 제품의 일부가 된다. 결과적으로 소비자가 인식하는 제품의 종류는 모듈 수에 따라 기하급수적으로 늘어난다.

예를 들어 자동차 생산의 경우 3종류의 엔진, 3종류의 트랜스미션, 4종류의 몸체가 생산가능하고 이들 품목이 어떤 방식으로 결합·조립되든 기술적으로 문제가 없다면 생산가능한 자동차의 종류는 〈도표 8-5〉와 같이 $3 \times 3 \times 4 = 36$ 가지가 된다. 이와 같이 제품을 설계하는 데 있어서 각 품목을 독립적으로 고려하는 대신 모듈러디자인의 원리를 적용함으로써 소요부품의 가지수를 줄일수 있으며 생산공정도 단순화시킬 수 있다. 물론 제품설계를 시작할 때부터 모듈러디자인을 감안한다 하더라도 설계과정이 더 복잡하거나 어려워지지는 않는다.

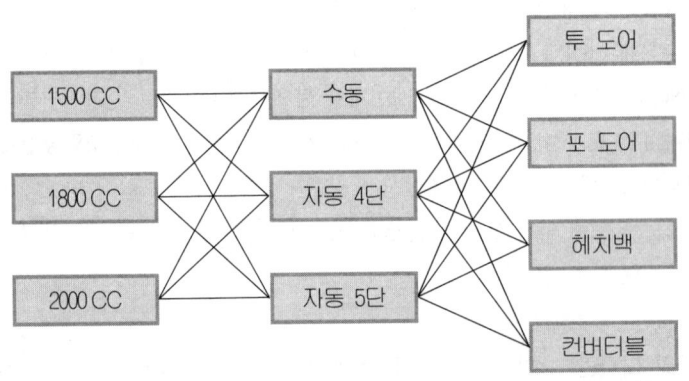

〈도표 8-5〉 모듈러 설계의 개념

순차적 추가가 가능한 선택사양　선택사양을 설계하는 경우에도 가이드라인 ⑦, ⑧, ⑨, ⑩을 감안하여 순차적으로 사양을 추가할 수 있도록 하는 것이 바람직하다. 즉 작업의 흐름을 중단하지 않고 거침없이 제조작업이 진행되면서 필요한 선택사양을 끼어넣도록 해야 한다. 예를 들어 선택사양의 조립이 단순히 공구의 교체만으로도 신속히 이루어질 수 있다면 별다른 추가작업을 하지 않아도 되게 할 수 있다면 부드러운 작업의 흐름을 그런대로 유지할 수 있다. 예를 들어 어느 선택사양을 추가하기 위해서는 제품의 일부를 뜯어내고 안쪽에 몇개의 구멍을 뚫어야 한다고 생각해보자. 필요할 때마다 구멍을 뚫기보다는 제작초기에 필요하든 안하든 구멍을 뚫는 것이 나은 것이고 다른 모든 선택사양의 조립에 대비하여 필요한 모든 구멍을 다 미리 뚫어놓는 것은 더 나을 것이다. 물론 가장 좋은 방법은 구멍을 뚫지 않고도 선택사양을 추가할 수 있도록 설계를 개선하는 것일 것이다.

생산규격을 필요이상으로 엄격히 설정하지 않음　지나치게 엄격한 규격을 유지함으로써 생산원가의 상승을 초래하는 경우도 있다. 경우에 따라서는 규격이 이처럼 정밀하지 않더라도 제품의 기능과 성능에 아무 영향을 미치지 않을 때가 많다. 모든 규격을 다 정밀하게 유지하는 것은 오히려 낭비를 초래할 뿐이다. 컨커런트 엔지니어링를 통해 부품공급업체를 설계과정에 참여시키는 것도 이 문제를 해결할 수 있는 방안 중의 하나이다. 즉 엄격히 준수해야 할 규격과 어느 정도 느슨하게 지켜도 무방한 스펙을 설계과정에서부터 협의함으로써 보다 좋은 부품을 싸게 생산해 낼 수 있는 방안을 모색할 수 있다.

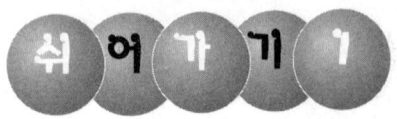

주문·생산·판매 '동시 진행'
제3의 생산혁명

지난 90년대 초 미국 시애틀 보잉본사에서는 지금까지 누구도 시도해보지 못한 프로젝트가 비밀리에 착수했다. '종이 설계도 없는 비행기 만들기'. 설계 부품조달 조립 제작 시험등 복잡한 과정을 모두 컴퓨터로 동시에 진행하는 완전히 새로운 방식으로 항공기를 만들자는 것이었다. 이 구상으로 탄생된 것이 보잉 777이다. 보잉은 우선 설계테이블과 종이 도면을 없앴다. 보통 비행기 한 대를 만드는 데 많게는 수십만장의 설계 도면이 필요하다. 도면이 창고를 가득 채울 정도가 돼야 비로소 비행기가 탄생한다. 그러나 보잉은 단 한 장의 종이 도면도 쓰지 않았다. 모든 설계 작업은 컴퓨터 속에서 입체적으로 이뤄졌다. 보잉의 실험은 여기서 그치지 않았다. 고객인 세계의 항공사와 고속 네트워크로 연결했다. 고객이 하는 항공기 디자인이나 시스템 등을 바로 설계에 반영시켰다. 고객들은 컴퓨터가 만들어낸 가상현실(Virtual Reality)의 입체공간에서 비행기 내부를 걸어다녔다. 잘못된 것은 바로 수정을 요구했다. 모든 것은 네트워크를 통해 '동시에' 진행됐다.

제작과정도 마찬가지였다. 777모델에 들어간 핵심부품의 20%는 일본에서 만들어졌다. 동체를 만드는 일본의 하청업체들은 태평양 바다밑에 깔린 전용 광케이블을 통해 미국 본사와 리얼타임으로 동시에 부품을 제작한다. 일본에서 부품이 깎여지는 그 시간 미국에서는 부품성능에 대한 시험이 컴퓨터로 이뤄졌다. 설계 제작 시험이 아예 시차(時差) 없이 한꺼번에 진행된 것이다. '광속생산' 이다.

이렇게 해서 만들어진 보잉 777은 4년만에 완전히 모습을 드러내고 성공적으로 하늘을 날았다. 보통 항공기를 새로 개발하는 데는 설계 시점부터 10년 가까운 기간이 걸린다. 보잉의 실험은 금세 모든 산업계의 눈길을 끌었다. 혁신적인 생산방식이 인건비를 30%나 줄이고 부품 불량률도 종전 15%에서 5%밑으로 떨어뜨렸기 때문이다. 보잉의 '종이 없는 비행기 만들기' 프로젝트가 이처럼 성공을 거둔 비결은 어디에 있을까. 답은 컴퓨터 네트워크에 있다. 디지털이 지배하는 세상에서는 생산의 개념이 바뀐다. 생산은 더 이상 생산자만의 고유 영역이 아니다. 생산과정에 소비자도 참여해 맞는 상품을 만든다. 주문형 반송에서 좋아하는 뉴스나 해설만을 골라 시청하는 식이다. 하나의 네트워크가 생산자와 소비자를 한데 연결시킨 결과다. 상품에 대한 소비자의 신뢰도와 만족도도 높아진다.

미국 크라이슬러의 디트로이트 본사. 이곳에서는 새차를 개발할 때 대형 부품메이커를 함께 참여시킨다. 미국 전역에 흩어져있는 딜러들과도 실시간으로 연결되는 네트워크 체제를 갖추고 있다. 자동차 구입의사가 있는 고객 숫자는 매시간 전국적으로 집계돼 본사로 들어온다. 그 숫자는 즉시 공장으로 전달돼 생산대수를 결정한다.

공장은 부품업체에 필요한 양만큼 발주한다. 개발자와 생산자, 부품업체, 판매 대리점이 하나의 망으로 연결돼 모든 정보가 동시에 교환되는 것이다. 이른바 동시공학 (Simultaneous Engineering)이다. 크라이슬러는 이같은 시스템으로 자동차 개발에서 생산에 걸리는 기간을 종전의 3분의 1로 줄였다.

디지털 광속경제시대에는 대량생산도 무의미해진다. 지금까지 대략적인 수요예측으로 생산량을 정했다. 그리고 이같은 방식은 이미 옛날 얘기가 됐다. 고객이 주문하면 동시에 생산이 이뤄진다.

「한국경제」 1999년 2월 6일

9. 공급체인의 전략적 관리

공급체인관리의 의의

물류란 생산자로부터 재화를 장소와 시간의 이동을 통해 소비자나 이용자에게 이동시켜 새로운 부가가치를 창출하는 경제활동으로 포장, 하역, 수송, 보관, 가공 및 정보처리 등에 관한 내용으로 생산자가 조달하는 조달물류도 포함되는 넓은 개념이다. 미국의 물류관리협의회에서는 "물류라는 것은 완성품을 생산라인의 종료에서부터 소비자에게 이르기까지 유효하게 이동시키는 것과 관련한 광범위한 활동이며 원재료의 공급원에서부터 생산라인의 시점까지 이동시키는 것을 포함하는 경우도 있다"라고 정의하면서 고객서비스, 수요예측, 유통정보, 제조관리, 주문처리, 공장 및 창고입지의 선정, 조달, 포장, 반품 취급, 폐기물 처분, 화물수송, 창고 등을 물류관리의 주요 요소로 열거하고 있다.

물류관리의 경쟁력은 이제 산업과 국가의 경쟁력을 좌우하는 중요한 요소의 하나가 되고 있다. 그러나 물류비 측면에서 보면 우리나라의 물류부문의 경쟁력은 선진국에 비해 매우 낮은 것으로 나타나고 있다. 교통개발연구원이 1997년에 조사한 바에 의하면 95년의 경우 국가물류비는 GDP대비 16.5%로 나타나 미국의 10.5%에 비해 매우 높은 것으로 나타났다. 개별기업의 차원에서 보더라도 94년을 기준으로 우리나라의 경우 기업물류비가 매출액 대비 14.3%(대한상공회의소, 1995)인 반면 미국 7.7%, 일본 8.8%, 유럽국가평균은 5.8%인 것으로 나타났다.

기업들이 물류관리에 그다지 신경을 쓰지 않았던 이유는 첫째 우리나라에서는 전반적으로 모든 상품의 수요가 공급을 초과했다는 점이다. 공급자 위주의 생산에서는 상품의 생산가에 부가되는 모든 비용을 소비자가 부담할 수밖에 없다. 둘째 기업 내에서 물류부서는 단순히 지원 부서의 역할밖에 하지 못했다. 기업활동의 전략적 방향에 별로 영향을 미치는 부서가 아니었으며 대개의 경우 여러 부서에 물류기능이 흩어져 있어 통합적 목소리를 내기가 불가능했다.

그러나 이제 WTO체제가 본격 가동되고 국제화·세계화가 압축되는 요즘의 상황은 이전과 대단히 달라지고 있다. 시장개방에 대한 압력 외에도 전세계적으로 판매자와 생산자 사이의 역학구조에 일대 혁신이 일어나고 있으며 우리나라도 예외가 아니다. 이제 물류관리는 전략적 프로세스로 인식되어야 한다. 물류에 대해 비전과 함께 분명하고도 확실한 목적과 목표를 세워야 한다. 단순히 제품을 공장 밖으로 내보내는 것만으로 끝난 것이 아니다. 고객이 원하는 상품이 고객이 원하는 장소에까지 원하는 시간에 도착하기 전에는 물류프로세스가 종결된 것이 아니다.

90년대 중반에 접어들면서 이러한 물류관리의 개념은 공급체인관리라는 매우 포괄적인 경영시스템으로 확대·발전하게 되었다. 물류관리를 조직내의 물자의 흐름이라는 맥락에서만 보는 좁은 시각을 확장하고 이로 인한 부작용을 해소시키며 기업경영의 모든 물자와 정보의 흐름을 통합적으로 관리하고자 하는 목표하에 공급체인관리(SCM : Supply Chain Management)가 자연스럽게 등장하였다.

공급체인관리는 대리점, 거래선, 해외 현지법인에서의 주문에서부터 국내외 협력회사, 국내외 공장, 국내외 A/S에 이르기까지의 전체 공급체인과 관련된 활동으로 정의한다. 여기서 공급체인은 조달, 생산, 수배송, 제품 혹은 서비스 자원과 관련된 회사 내부 운영과 협력업체간의 연결사항을 나타낸다. 즉 원자재를 언제, 어디서 구매할 것인가, 생산사이클은 언제 어떤 경로를 밟을 것인가, 언제, 어디서, 어떻게 주문, 보관 수배송 될것인가를 결정한다.

공급체인관리에서 고객만족과 신속대응을 최우선의 목표로 삼는다. 즉 고객의 모든 요구사항에 대해 신속하게 대응한다는 것이다. 이는 언제, 어디든지 주문이 가능토록 하고, 고객의 요구사양에 따른 주문(make-to-order)을 하며, 현지 시장 요구사항에 맞는 가격 및 납기를 설정한다는 것이다. 그리고 모든 제품 및 서비스에 대한 단일접점을 마련하고, 통합된 시스템을 이용하여 정보를 조회할 수 있도록 하며, 수주시 가격 결정, 제품 사양, 수송방법, 납기 등의 결정을 내릴 수 있는 권한 이양을 통하여 고객의 요구 사항 및 문제점을 단일 접점에서 해결한다. 따라서 주문관리는 수배송, 생산, 구매, 사후서비스에 관련된 데이타를 통합하여, 주문부터 납품까지의 현황을 실시간으로 파악하여 고객 및 협력업체에게 필요한 정보를 실시간으로 제공하고자 한다.

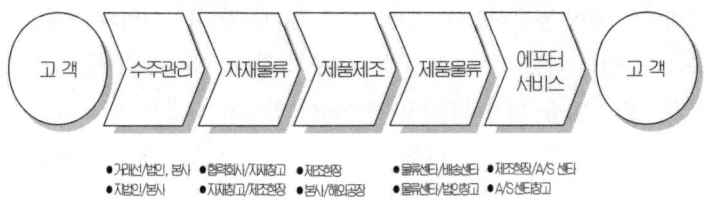

<그림 9-1> 공급체인관리의 범주

각 부문은 제품의 수요예측에 따라 현재의 재고상황과 설비가동률 등을 고려하여 최적의 원자재 조달과 생산, 발송계획 등을 도출한다. 자연히 쓸모없는 원자재구매와 재고발송사례가 줄어들어 비용절감효과를 거두게 된다. SCM은 원자재 조달부문과 생산관리, 완제품의 유통 등 상품이 고객에게 도착할 때까지 회사 내외부를 포괄하는 전과정의 경영효율화를 동시에 추구한다는 것이 특징이다. 또한 공급체인은 상류와 하류를 연결시키는, 즉 최종 소비자의 손에 제품과 서비스 형태의 가치를 가져다 주는 여러 가지 다른 과정과 활동을 포함하는 조직의 네트웍이다. 예를 들면, 셔츠를 만드는 제조업자는 상류로는 천을 짜는 방직업자를 거쳐 실을 만드는 방적업체에 이르고, 하류로는 도매업자를 거쳐 최종 소비자에 이르는 공급체인의 일부이다. 이 체인 내의 각 조직은 상호의존적이라고 정의되지만, 역설적이게도 전통적으로 서로 긴밀히 협조하는 관계를 유지해 온 것은 아니다.※

※ 보다 자세한 내용은 다음 책 참고. Christopher, M., *Logistics and Supply Chain Management*, Financial Times, Irwin, N.Y., 1994.

공급체인관리는 '수직 계열화'와는 다른 개념이다. 수직 계열화는 보통 상류의 공급자와 하류의 고객을 소유하는 것을 의미한다. 이것은 한때 바람직한 전략으로 여겨졌으나, 최근에 이르러 조직들은 점차적으로 그들의 '핵심사업'

에 초점을 맞추고 있다. 즉, 그들이 정말로 잘하는 분야, 또 그들이 차별적 우위를 가지고 있는 분야에 집중하고 그밖의 것은 아웃소싱한다. 예를 들면, 한 때 모든 부품을 자사에서 만들었던 회사들이 이제는 완제품만을 조립할 뿐이다. 자동차 제조업자가 그 예가 될 것이다. 어떤 회사는 제조 그 자체를 과거 공급업자 및 하류의 고객(도매상, 소매상)들과의 관계는 협조적이었다기 보다는 적대적인 것이 보통이었다. 오늘날에도 원가절감이나 이익의 개선을 위해서 공급연쇄상의 파트너를 희생시키는 경우가 많다. 이러한 회사는 단순히 상류나 하류로 비용을 이전시킨다고 경쟁력이 향상되는 것은 아니라는 사실을 인식하지 못하고 있다. 모든 비용은 결국 최종시장으로 이동되며 최종사용자가 부담하는 가격에 반영되기 때문이다.

초일류기업들은 이러한 재래적인 접근방법의 오류를 인식하고, 대신에 가치의 부가와 비용의 감축을 전체적인 공급체인 관점에서 추구하여 자신들의 공급체인을 더욱 경쟁적으로 만든다. 그들은 진정한 의미에서의 경쟁은 개별기업 대 개별기업간의 경쟁이 아니라, 공급체인 대 공급체인의 경쟁이라는 사실을 알고 있다.

부문간의 벽과 비효율

스피드가 경영에서 중요한 이슈로 등장하면서 신제품개발, 생산, 원자재 공급, 배송 및 납품, 주문의 접수와 처리, 애프터 서비스 등 기업활동의 모든 부문에서의 리드타임 단축이 그 무엇보다도 중요하게 되었다. 더욱이 앞에서 살펴보았던 부문별 리드타임 축소만으로는 충분하지 않을 수도 있다. 각 부문별 최적화가 곧 전체의 최적화를 의미하는 것은 아니기 때문이다. 공급원에서 소비자까지의 공급체인상에서 정보와 물자의 흐름을 하나의 시스템으로 통합관리함으로써 고객 서비스의 최대화와 비용의 최소화를 도모하고자 한다.

그러나 전통적인 조직구조 하에서는 이런 시도가 즉각적인 문제를 야기한다. 대부분의 기업은 기능별 조직구조에 의거하여 운영되어 왔다. 즉, 구매·

제조·영업기능과 같이 기능별로 책임 구분을 해왔으며 각 기능의 부서장들은 상당한 권력을 행사하며 다른 기능 부서로부터 자신의 영토를 방어하기 위하여 경계를 게을리하지 않는다. 이런 조직일수록 부문주의(sectionalism)가 강한데, 각 부문별로 업적에 긍적적인 영향을 미치는 것에만 초점을 맞춘다면 제조와 판매가 일체화된 조직이 아닌 기업에서는 최고경영자를 제외하고는 아무도 공급체인 전체를 보고 고객 니즈에 포커스를 맞추는 사람은 없게 된다. 이와 같은 상황에서 탈피하기 위해서는 제조, 판매, 기술, 관리 등을 제품그룹에 따라 일관된 일체 조직으로 갖고 가는 것이 매우 중요하다. 즉 국내시장의 독특한 유통구조를 감안하더라도 공급체인 전체에 대해 품목별로 책임을 지는 프로세스적 조직을 심각히 고려해야 한다.

부문간의 연계가 부족하면 고객 관점에서 볼 때 납기약속이 미흡하고, 고객이 원하는 정보를 즉각 제공할 수 없고 또한 중앙 집권적인 영업 및 생산관리 체제로 인해 시장의 급변하는 요구사항을 제대로 충족시키지 못한다. 공급체인 전체의 신축성이 부족하여 수주·출하 리드타임이 엄청나게 늘어나고 관련 정보도 통합될 수가 없다. 결국 아무도 수주에서 출하까지의 전 과정을 총괄하지 않는다.

이런 조직에서는 공급체인 전체에 엄청난 재고를 보유한다. 예를 들어 제조 부문에서는 1회 생산계획량을 크게 하여 긴 생산시간을 유지함으로써 단위 제조비용을 최소화하려 할 것이다. 이런 결정은 당장 필요한 것보다 훨씬 많은 재고를 유발시킨다. 마찬가지로, 구매부문에서 원가절감을 위해 대량구매를 고집한다면 엄청난 재고를 보유하게 되어 품질과 납기 등에서 큰 문제를 불러 일으킬 우려가 높다. 이런 식의 방법은 공급체인상의 조직내의 경계와 조직간의 경계에 엄청난 재고가 자리잡게 된다. 이렇게 증가된 재고는 기업의 자금 운용에 큰 부담이 되고, 운전 자금에 압박을 줄 뿐만 아니라, 최종 수요에 대한 정확한 파악을 불가능하게 한다.

말로는 고객만족, 고객지향이라 하면서 실제로는 고객지향이 매우 부족하다. 주문은 월단위로 처리되어 고객의 니즈를 즉시 반영하지 못하며, 당월 재고나 생산계획에서 처리할 수 없는 경우 주문이 거부된다. 대리점에서는 언제 주문한 제품이 도착할지를 주문하는 시점에서 알 수 없고, 주문한 제품의 추적관리도 되지 않아 언제 배달될지 모른다. 신제품 출시정보도 매우 부정확하고 잘 팔리는 모델을 더 주문하려 해도 탄력적이지 못한 프로세스로 인하여 고객의 요구에 대응할 수 없다. 정보 파악을 위해서는 담당자에게 전화를 걸어 물어보는 수밖에 없고 담당자가 없으면 파악이 되지 않는 경우가 허다하다. 일례로 이로 인하여 현재 유능하다는 영업사원의 기준은 신규시장을 많이 개척하는 것이 아니고 제조나 물류에 있는 담당자들을 잘 알아서 대리점이 원하는 제품을 빨리 갖다주는 것이다. 이로 인한 업무생산성 저하는 말할 것도 없다.

정보의 질과 신선도[※]

※ 이 부분의 내용은 다음을 참조한 것임. Stalk, G. Jr., and T.M. Hout (윤은기 역, 21세기 북스), *Competing Against Time*, Free Press, N.Y., pp. 323-342.

공급체인을 구성하는 각각의 계층간에는 정보와 제품이 교환된다. 신제품의 사양, 고객으로부터 공급업자로의 새로운 주문, 공급자로부터 고객으로의 신제품 소개 등 여러 종류의 정보가 교환되며 그 결과로 인해 원자재, 부품, 완제품 등의 상품이 계층간에 교환된다.

〈도표 9-2〉는 아주 간단한 공급체인을 보여주고 있다. 첫번째 단계는 소매점이고 두번째는 의류제조업체, 세번째는 직물제조업체, 네번째는 원사제조업체이다. 이 체인을 통해 주문은 밑으로 보내지고 제품은 위로 보내어 진다. 예를 들어 청바지매장이 있다고 하자. 매장주인은 청바지 주문을 제조업체에 보낸다. 그러면 청바지 제조업체는 직물 제조업체에게 주문을 내고, 그 직물 제조업체는 다시 원사 제조업체에 주문을 한다. 출하는 주문의 역순이 된다. 원사는 직물 제조업체에게 출하되고, 청바지 제조업체는 소매상에게 출하한다. 그리고 이러한 활동은 시장의 수요, 공급체인내의 각 업체별 재고수준, 그리고 업체 나름대로의 주문방식에 근거하여 진행된다.

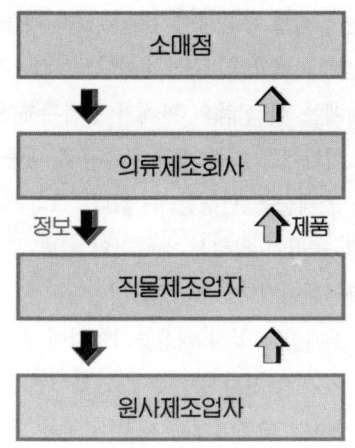

〈도표 9-2〉 청바지의 공급체인

　이제 한 단계에서 다른 단계로 보내지는 정보의 양이 변화할 때 이 간단한 시스템이 어떻게 반응하는가를 보자. 가령 전년도에 비해 매장의 수요가 조금씩 감소했다고 하자. 각 단계에서 상품을 공급하는 업체로의 주문을 조금씩 줄이면 그 결과 각각의 공급업자도 매달 생산과 출하량을 점차 줄일 것이다. 따라서 재고도 지속적으로 감소한다. 그런데 갑자기 올해 패션 사이클이 바뀜에 따라 청바지 수요가 예상 밖의 증가를 보인다고 하자. 소매점은 너무 많아 부담이 되던 재고를 팔아치우면서 이 수요 증가를 환영할 것이다. 하지만 소매점으로서는 이 수요증가가 임시적이고 단기간에 끝날 것으로 예상하면서 매달 보내는 청바지 발주량을 계속 감소된 상태로 방치해 둘 수도 있다. 그대신 2개월 정도는 재고를 가지고 감당해 갈 것이다. 그러다가 수요증가가 3개월을 넘어서면 소매점은 수요가 예상 외로 강하다고 믿고 월 발주량을 증대시킬 것이다.

　이제 소매점은 증가된 판매량을 감당하기 위해서 전보다 많은 재고를 필요로 하는 한편, 앞선 2개월의 판매 증가로 감소한 재고도 보충할 필요가 있다고 생각하게 될 것이다. 그로 인하여 소매점이 청바지 제조업체에게 보내는 신규 주문은 실제의 판매 증가량보다도 많아질 것이다. 하지만 청바지 제조업체는 소매업체의 수요가 증가하기 이전의 2개월 동안 소매점으로부터의 주문이 하향 추세를 보이면서 월별 주문량이 감소했었기 때문에, 자신이 보유하고 있는 직물 재고량도 감축시키고 있었을 것이다. 그러다가 돌연 대량 주문을 받는다. 청바지 제조업체는 이 상품의 판매가 증가추세에 있다는 소매업계의 소식을 듣기는 했어도 이달에는 다른 의류의 주문들 때문에 여유가 없기 때문에 1개월 동안은 생산 스케줄을 변경할 수 없다. 그와는 별도로 청바지 생산을 늘리고 직물 발주를 늘리기 위해선 소매점의 월별 주문이 다음 달에도 높아질 것인가를 먼저 확인해야겠다고 생각할 것이다.

그러나 다음 달에도 소매점이 앞선 매상증가기간에 줄어드는 재고량을 확보하기 위해서 주문하는 양은 여전히 증가추세를 보이면서 4개월째 상승곡선을 그릴 것이다. 그러면 청바지 제조업체는 비로소 직물 제조업자에게 소매점으로부터의 주문분을 상회하는 직물을 주문하게 될 것이다.

한편 직물 제조업체도 재고량을 줄여왔기 때문에 갑작스러운 방향전환이 필요하게 된다. 청바지 제조업체의 주문은 대량일 것이므로, 직물제조업체는 그것을 충족시키려면 1개월간을 쉬지 않고 설비를 가동해야 할 것이다. 그들의 입장에서 청바지 제조업체는 주요 대형 고객의 하나이므로 다른 고객의 주문을 뒤로 미루지 않을 수 없을 것이다. 그러나 어떻게 해서든지 다른 고객도 처리해야만 한다. 물론 원사 재고량은 별로 없을 것이므로 할 수 없이 면사 공급업자에게 대량의 발주를 서두르게 된다. 다음 단계도 이런 식의 상황이 반복된다.

이런 일은 비즈니스에서 자주 되풀이된다. 소비자의 수요는 월별로 변화하며 사이클을 그린다. 이때 변동량은 대체로 10-15% 정도 내외가 된다. 그러나 공급 연쇄 내의 아래 단계로 내려가면 갈수록 각 공급업자가 최신 수요곡선의 증가에 대응하려고 애쓰는 결과, 주문의 변동량은 계속 커지게 된다. 최초의 소매수요 상승의 징조가 있고 나서 가장 하부단계의 공급업자가 주문의 형태로 그것을 알게 되는 시간은 수주일이나 수개월이 경과하는 것이 보통이며 그때의 주문량은 그 전의 30-35%를 상회하는 경우도 있다. 이것이 주문변동 증폭의 원인이며 납기지연, 과잉 재고, 과도한 간접비용 등을 발생시키는 근본적인 원인이 된다.

여기서 근본적인 문제는 정보의 즉시성이다. 예로 들은 소매점과 청바지 제조업체와 같이 대부분의 기업은 공급자에게 언제 얼마나 주문하느냐를 결정하는 데 있어서 구태의연한 방법을 사용하고 있고 주문 경로를 넘어서 공급업자와 정기적으로 접촉하는 일은 좀처럼 없다. 청바지의 예에서 소매점은 자기의 공급 연쇄에 3개월간에 가까운 판매증가에 대한 정보를 제공하지 않고 있다가 갑작스럽게 대량 발주는 했는데, 이는 증가된 수요와 고갈된 재고의 보충이라는 이중적인 요구를 동시에 충족시키기 위한 것이었다. 청바지 제조업체는 청바지 판매가 전반적으로 증가한다는 기사는 읽었어도 자기의 고객이 되는 소매점의 판매 증가에 대해서는 3개월 가까이 모르고 있었다. 그래서 대량 주문을 받았을 때 그 중에서 어느 정도의 양이 판매 증가분에 해당하고 어느 정도가 일시적인 재고 보충분에 해당하는지를 전혀 몰랐다. 이와 같이 청바지 제조업체가 받은 정보는 시기도 늦었고 정확한 해석도 어려운 것이었다.

청바지 제조업체 역시 예상치 못한 재고감소와 소매점 수요증가에 대비하여 발주를 대폭 증가시킨다. 그러나 직물 제조업체는 한꺼번에 밀려오는 주문에 대해 아무런 정보도 갖지 못하고 있었다. 청바지 시장에서 상당히 멀리 떨어져 있고, 또 다른 많은 직물들을 제조하고 있으므로 대량 주문의 홍수에 대처하는 방법도 모르고 있었다. 고작 할 수 있는 방법이라고는 다른 고객에게 출하를 늦추는 것뿐이었다.

공급체인에서 일어나는 이러한 예기치 않은 충격을 상쇄하기 위해서 기업은 완충재고나 과잉생산 능력을 보유하게 한다. 그렇지만 긴급한 주문부터 소화시키느라고 정상적으로 계획세운 처리물량도 제 때에 처리못하고 허둥되기 일쑤이다. 또한 생산일정이 변경될 때마다 생산품목 교체를 위해 상당 시간을 허비해 버린다.

정보는 오래되면 가치를 상실한다. 공급체인을 흐르는 주문정보가 실질적인 최종 제품수요와 맞지 않으면, 그 정보를 토대로 이루어진 결정은 점점 코스트만 높이면서 뜻하지 않은 부작용을 가져온다. 데이터가 낡게 되면 코스트는 늘어나고 시간은 지연된다. 여기서 빠져나오는 유일한 길은 정보수집과 전달의 리드타임을 단축하여 시스템에 흐르는 정보를 새롭고 의미있는 것으로 만드는 것뿐이다.

채찍효과

대개의 공급체인 상에서는 고객, 유통업체, 제조업체, 원재료 공급업체 상호 간의 정보교환이 극히 제한적으로 이루어지고 거래당사자의 주문 정보에만 의존해서 주문량을 결정하게 되어 있다. 결과적으로 공급체인상의 하류에 위치한 고객쪽에서는 주문량 변동이 적어도 상류로 갈수록 주문량 변동의 폭이 커진다는 것이다. 소비자가 상점에서 제품을 구입해가는 양은 일별로 볼 때 큰 차이가 없음에도 불구하고 제조업체에서는 주문량이 일단위로 크게 변하는 현상이 그 예다. 앞에서 예로 든 청바지 시장의 문제를 채찍효과(bullwhip ef-fect)라고 부른다. 채찍효과는 소를 몰 때 쓰는 긴 채찍은 손잡이 부분에서 작은 힘을 가해도 끝 부분에서는 큰 파동이 생긴다는 데에 착안하여 나온 이름으로 공급체인내의 정보흐름상의 구조적 문제를 단적으로 설명해 준다. 이러한 정보의 왜곡 현상은 곧바로 공급체인내의 재고 급증, 고객 서비스수준 저하, 수송상의 비효율, 생산계획상의 난맥 등과 같은 부작용을 초래한다.

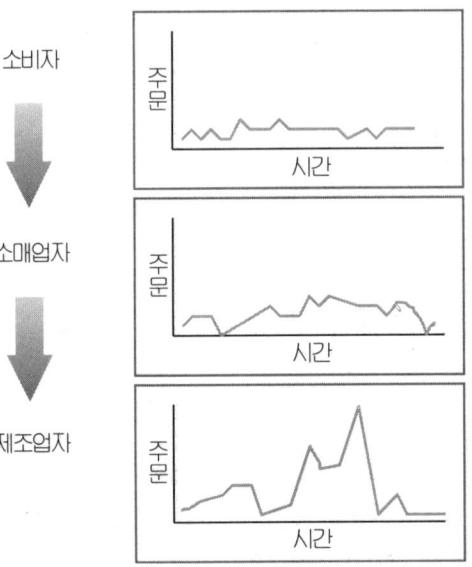

〈도표 9-3〉 채찍 효과
(출처: 진정한 경쟁력의 원천 SCM, 삼일저널 봄호, 1998, 14-27쪽)

여기서 중요한 점은 이러한 채찍 효과가 생기는 원인을 살펴보면 결코 공급체인내에 있는 각 거래주체의 구성원들이 불합리한 의사결정을 하거나 비논리적인 사고를 하기 때문에 발생하지는 않는다는 것이다. 구성원들은 합리적이고 논리적으로 판단하고 행동하는 데에도 불구하고 공급체인 내에서 발생하는 정보의 왜곡으로 인하여 이러한 현상이 발생하게 된다. 이런 결과를 초래한 근본적인 이유를 살펴보면 다음과 같다.

- 공급체인상의 한쪽 끝에서 다른 쪽 끝까지의 프로세스를 포괄적으로 이해하는 경영자가 거의 없다. 그 결과 업무 수행방식은 개별 프로세스를 실행하는 사람의 편리에 의해 좌우되고, 개별 프로세스의 상류와 하류를 막론하고 기능적인 경계를 방어하려는 움직임을 막지 못했다.
- 변화를 통한 개선과 혁신은 한정된 기능단위에만 영향을 미쳤으며, 시스템의 전체 비용을 반영하는 경우는 거의 없었다. 예를 들어 적시생산시스템에 기초한 제조방식은 재고를 다만 공급업체나 완제품 창고로 전가하는 결과를 초래할 수도 있다. 때때로 이런 경우 오히려 전체 비용을 증가시키고 유연성을 감소시킬 수도 있다.
- 개별 프로세스의 계획된 리드타임은 각 기능별로 숨쉴 틈을 주는 수단으로 악용되었다. 처리과정을 구성하는 각 단계에서 얼마간의 여유시간을 삽입하다 보니 전체적으로는 매우 느슨한 시스템이 되어 버렸고 시간이 흐름에 따라 이런 현상이 하나의 제도로 굳어버렸다.

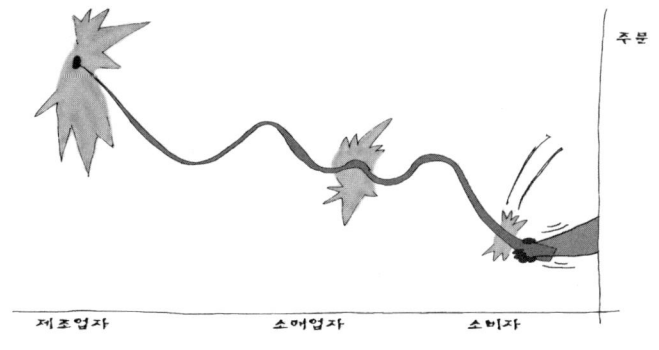

〈그림 9-1〉 채찍 효과

채찍효과의 재조명

이번에는 채찍효과의 발생원인을 대리점과 물류센터간의 주문시스템을 통해 살펴보기로 하자. 각 대리점이 독자적인 주문시스템을 채택하는 경우 물류센터는 각 대리점에서의 주문을 마치 개별소비자의 주문인 것처럼 간주하고 이를 이용하여 나름대로의 주문량과 주문시점 그리고 안전재고를 결정한다. 예를 들어 현 재고가 재주문점 밑으로 떨어지면 경제적 주문량만큼을 주문하여 재고수준을 올려 놓는다.

이러한 재고관리시스템의 기본적인 문제점은 운영에 있어 모든 것이 수동적이라는 데에 있다. 재주문점제도는 미래 수요에 그리 큰 변동이 없는 경우에 적절하다. 수요의 변동폭이 크다면 물류센터는 매우 많은 양의 안전재고를 확보하고 있어야 한다. 물류센터로의 주문은 일반소비자의 수요와는 달리 변동폭이 매우 크다. 한꺼번에 많은 물량의 주문이 들어 닥칠 수도 있으며, 장시간동안 전혀 주문이 없을 수도 있어 앞으로의 수요예측이 매우 어려운 경우가 많다. 결국 소비자의 서비스수준을 맞추기 위해 많은 안전재고를 보유한다. 이런 현상은 〈도표 9-4〉를 통해 쉽게 이해할 수 있다.

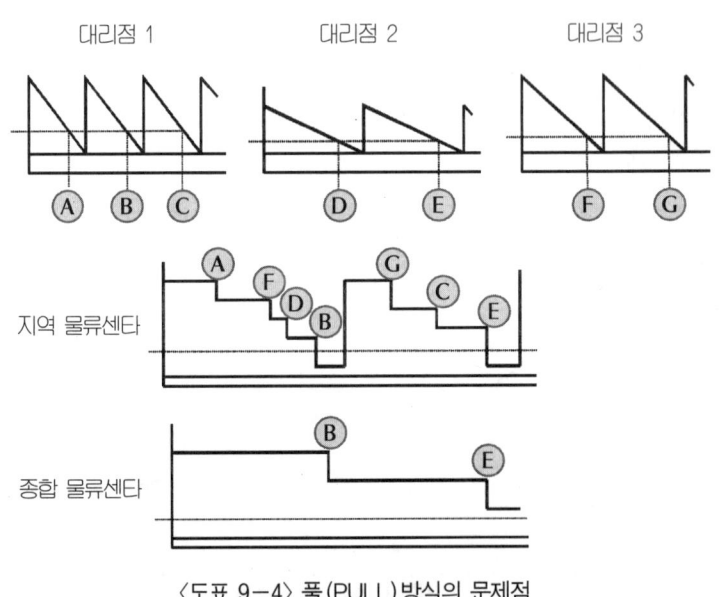

〈도표 9-4〉 풀(PULL)방식의 문제점

예를 들어 두 곳의 지방 대리점과 하나의 물류센터로 구성된 물류시스템을 생각해 보기로 하자. 이들 두 곳의 지방대리점은 수도권의 종합물류센터에서 필요한 물품을 공급받으며 각각 재주문점제도를 독립적으로 운영하고 있다. 각 지방대리점의 현재고, 수요예측치, 재주문점, 1회 주문량, 리드타임 등은 〈도표 9-5〉에 요약되어 있다.

	대리점 A	대리점 B
주 평균수요	15	30
안전재고	10	20
리드타임	2주	1주
재주문점	$2 \times 15 + 10 = 30$	$1 \times 30 + 20 = 50$
1회 주문량	50	100

〈도표 9-5〉 대리점의 재고관리 운영현황

대리점에서는 재고를 실사하며 재주문점 이하로 재고가 떨어지면 그 다음 주 초에 1회 주문량만큼 주문한다. 이 표에서 재주문점은 리드타임동안의 평균 수요량과 안전재고량을 감안하여 결정한 것이다. 대리점 A와 B의 12주간의 실제 수요와 이를 충족시키기 위한 주문량 내역을 정리하면 〈도표 9-6〉과 같다. 현재 기초재고는 40개이므로 첫째주의 기말재고는 40 - 11 = 29이다. 2주초에 입고될 예정인 50개는 리드타임이 2주인 것을 감안하면 이 재고는 첫째주 이전에 이미 발주했던 물량이다. 5주말의 재고가 26개로 재주문점인 30개 밑으로 떨어지므로 그 다음 주초인 6주초에 50개를 주문하며, 이 물량이 8주초에 들어온다.

대리점 A : 품목XYZ(기초재고 = 40)												
주	1	2	3	4	5	6	7	8	9	10	11	12
실제수요	11	8	17	12	16	15	10	19	11	10	11	18
입고		50*						50				50
기말재고	29	71	54	42	26	11	1	32	21	11	0	32
발주						50**				50		

〈도표 9-6〉 대리점 A의 운영현황

대리점 B : 품목XYZ(기초재고 = 75)												
주	1	2	3	4	5	6	7	8	9	10	11	12
실제수요	28	31	24	31	39	22	36	19	40	28	35	31
입고			100				100			100		
기말재고	47	16	92	61	22	0	64	45	5	77	42	11
발주		100				100			100			100

〈도표 9-7〉 대리점 B의 운영현황

한편 물류센터에서는 리드타임=2주, 재주문점=120, 주별 평균수요=45, 안전재고=30, 1회 주문량=200으로 설정되어 있다. 물류센터에서 공장으로 주문하여 제품을 공급받는 데에는 2주일이 소요된다고 가정한다. 물류센터의 수요예측치는 각 대리점 수요의 합이며, 물류센터의 재고부족으로 각 대리점에 필요량을 공급하지 못할 때에는 추후 충분한 물량이 종합물류센터에 공급될 때 즉시 각 대리점에 인도한다고 가정한다. 참고로 〈도표 9-8〉에서 첫째주의 입고량 200개는 첫째주 전에 이미 발주한 물량이다.

물류센터 : 품목XYZ(기초재고 = 30)												
주	1	2	3	4	5	6	7	8	9	10	11	12
실제수요		100				150			100	50		100
입고	200***								200			200
기말재고	230	130	130	130	130	-20	-20	-20	80	30	30	130
발주							200			200		

〈도표 9-8〉 물류센터의 운영현황

이 예에서 알 수 있듯이 물류센터에서의 수요인 각 대리점의 총요구량은 이들 대리점에서 개별적으로 계산한 1회 주문량과 재주문점으로 인해 기간별로 고르지 못하고 상당히 불규칙적이다. 따라서 과거의 자료를 이용한 수요예측이 거의 불가능해지며 결국 안전재고를 상당히 높은 수준으로 유지해야만 한다. 또한 재고관리시스템의 운영에서도 미래에 대한 계획이나 대비를 할 수 없다. 이 예에서는 물류센터에서의 재고부족으로 인한 각 대리점의 품절현상이 3번 밖에 발생하지 않았지만 실제로는 훨씬 빈번히 이러한 현상이 나타날 수 있으며, 대리점의 수가 증가하게 되면 상황은 더욱 나빠진다. 더구나 물류센터의 경우 주문시점이 재고를 필요로 하는 시점과 일치하지 않아 불필요하게 많은 재고를 보유할 수 있다.

이러한 모든 문제가 발생하게 된 가장 큰 이유는 각 대리점의 경우 상위 공급원인 물류센터나 공장의 재고현황, 또는 공장의 생산계획을 전혀 감안하지 않고 재고관리시스템을 운영하며, 물류센터나 공장 역시 대리점과 같은 하위 판매처에서의 수요를 감안하지 못하고 단순히 주문량만을 받아들여 수동적으로 대응하기 때문이다. 이와 같이 각 대리점에서 다른 대리점이나 상위 공급원인 물류센터 또는 공장과의 상호연관관계를 고려하지 않고 독자적으로 의사결정을 하게 되면 다음과 같은 문제점이 발생할 수밖에 없다.

- 한 곳에서의 주문량 결정원리가 다른 곳에 미치는 영향을 감안하지 못한다.
- 최종수요가 일정하더라도 상위 공급원으로 갈수록 주문량의 크기가 점점 더 커지고 주문회수가 줄어든다. 예를 들어 물류센터에서는 각 대리점에서의 주문량을 합한 것이 수요가 되는데 이 경우 최종 소비자의 수요가 매기간 일정하더라도, 각 대리점에서의 주문회수는 EOQ를 적용할 때 상당히 줄어들어 물품센터의 경우 수요가 0인 기간이 많이 나타난다.
- 이에 따라 상위 공급원으로 갈수록 이같은 불규칙한 수요에 대비하여 상당한 양의 안전재고를 보유해야 한다.
- 다단계시스템의 경우 서비스수준이란 마지막 판매처에서만 의미가 있을 뿐이다. 상위 공급원에서의 절품은 곧 하위 판매처에서 주문이 오는 경우 공급에 소요되는 시간을 증가시켜 최종 소비자에 대한 서비스수준을 저하시킨다.

SCM의 관심과제

공급체인관리의 목표는 극히 단순하다. 소비자가 원하는 제품이나 서비스를 경쟁력 있는 가격에 신속하게 공급하는 데에 있다. 물론 품질은 당연히 뒷받침되어야 한다. 경쟁력 있는 가격을 유지하기 위해서는 부가가치를 창출하지 못하는 모든 공급체인상의 활동을 제거하고 신속한 의사결정을 위한 프로세스적 관리가 필수적인 전제조건이다.

많은 기업들이 공급업체로부터 고객에 이르는 파이프 라인의 길이에 대해서는 적절한 주의를 기울여 오지 않았다. 공급체인상의 재고의 존재는 그것이 부품이든 조립부품이든 재공품 혹은 완제품이든 간에 관계없이 파이프라인의 길이를 연장시킨다. 과거 이러한 재고는 보호막의 원리에 따라 존재하였다. 즉, 상류의 공급과 하류의 수요에서의 파동에 대하여 생산, 물류 및 마케팅을 보호하기 위한 요구에 따라 존재한 것이었다. 그러나 오히려 재고는 소비자 니즈에 신속히 대응할 수 있는 능력만 저하시킨다.

이에 반해 선두를 달리는 글로벌 기업은 시장에 초점을 맞춘 구조를 유지하며, 공급체인상의 각 단계의 현재 상황을 실시간으로 파악할 수 있는 체제를 갖춤으로써 파이프라인의 투명성을 개선하고자 노력한다.

예를 들어 신속반응(Quick Response)의 원조격인 미국의 의류산업의 경우 소매 판매업자를 의류 제조업자와 연결하고, 제조업자는 다시 직물 생산자와, 직물 생산자는 섬유 공급자와 연결하여 여러 독립된 기업들의 하나의 네트워크를 이루도록 유도하였다. 그 결과 최종 소비자의 수요에 대한 정보는 판매 시점에서 포착되고 신속히 공급체인상의 상류로 전달되어서 극적인 리드타임의 단축을 달성하고, 그 결과 재고도 크게 감축할 수 있게 되었다. 미국의 유명 패션체인인 '더 리미티드(The Limited)'의 경우 수천개의 체인점에서 판매 시점 데이터를 이용하여 소비자의 선호도를 추적한다. 이것을 바탕으로 위성 통신을 이용하여 전세계의 공급자에게 주문내역서를 전달한다. 상품은 홍콩의 집하센터를 경유하여 보잉 747 전세기로 일주일에 4번 오하이오주 콜럼버스에 위치한 더 리미티드사의 배송센터로 공수된다. 배송센터에서는 상품에 가격표를 붙이고 재분류하여 트럭과 항공편으로 즉시 소매점으로 배송한다. 주문에서부터 점내 진열까지 전체 사이클을 6주 내에 달성할 수 있다. 재래 시스템으로는 6개월 이상 걸리는 과정이었다.

공급체인을 구성하는 참가자들의 신속반응에 대한 요구가 늘어나면서 제조와 물류부문에 가해지는 압력은 점증하고 있다. 만약 제조와 물류 리드타임을 영(零)으로 줄이는 것이 가능하다면 완전한 유연성의 확보는 달성될 것이다. 제조에서의 유연성의 주된 장애는 '변화'시키는 데 걸리는 시간이다. 즉 물량의 크기를 바꾸는 데 걸리는 시간, 종류를 바꾸는 데 걸리는 시간을 말한다. 보통 이것을 생산준비시간이라고 부르는 데 만약 준비시간을 가능한 한 제로 가까이 만들 수 있다면, 고객의 요구에 대한 유연한 대응은 그다지 문제가 되지 않을 것이다. 결과적으로 이러한 회사는 다수 고객의 니즈를 정확히 만족시킬 수 있으며, 고객이 원하는 사양에 대한 대응성을 높일 수 있다. 고객이 더욱 개성을 추구하고 틈새시장의 크기가 점점 작아지는 오늘날의 시장 상황에서 경쟁우위의 주요 원천은 생산의 유연성을 고객의 다양한 니즈와 신속하게 연결시킴으로써 얻어질 수 있다.

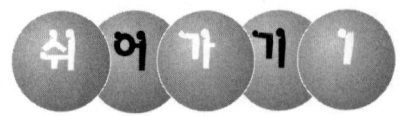

좋은사람들

내의업체 좋은사람들 영업부의 박대리. 몇년째 매달 둘째주 월요일이면 그의 전화통에는 불이 났다. 통화 내용은 매번 같다. "네, 지난주에 주문하신 제품요, 전화로 발주했으니까 3~4일 안으로 도착할 겁니다. 조금만 기다려 주세요" 고객인 대리점 담당자들이 모두 같은 날 제품 주문 현황을 물어와 이 날은 전화받느라 다른 일이 거의 스톱될 지경이었다. 하지만 박대리는 입사후 계속해온 전화 사역을 지난 4월부터 면하게 됐다. 좋은사람들이 전사적으로 구축한 인터넷 매장관리 시스템 덕분이다. 전국 어느 매장에서나 인터넷을 통해 본사 매장관리 시스템에 접속하기만 하면 발주 상황을 한 눈에 찾아볼 수 있기 때문이다. 대리점에서는 매달 월말에 제품 판매와 재고 현황을 파악, 본사로 발주하는 번거로운 업무를 마치게 됐다. 그날 그날 판매현황에 따라 인터넷을 통해 제품을 주문하기 때문이다.

좋은사람들은 지난 4월 전산시스템 구축을 완료했다. 이 회사의 전산시스템은 인터넷 매장관리 시스템, 콜서비스 센터, 데이터웨어하우징 시스템의 세 부문으로 나뉜다. 인터넷 매장관리 시스템은 본사와 대리점 등 각 매장의 정보 공유를 위한 도구. 이전까지 영업사원을 두고 일일이 전화로 확인하던 신제품 공급과 매장간 제품 수평이동 매장 불편사항 신고 등의 문제를 인터넷에서 간편하게 확인할 수 있게 했다. 하지만 정작 중요한 것은

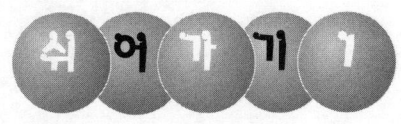
이런 판매관련 정보보다는 본사와 각 매장사이의 정보공유 기능이다. 조기형 경영정보실장은 "고객과의 접점이라고 할 수 있는 매장의 생생한 소리를 듣고 본사와 대리점이 다양한 정보를 시차없이 나누게 되면서 회사의 경쟁력이 크게 향상됐다"고 말했다.

본사에서는 예정된 판촉행사, 할인판매 계획 등을 모두 대리점들에 공개한다. 인기상품 독점 경쟁 등의 부작용 때문에 꺼렸던 재고내역도 인터넷에 올렸다. 회사 정책을 투명하게 공개해야 대리점들이 여기 맞춰 준비하고 일체감도 느낄 수 있다는 판단 때문이다. 역으로 대리점에서도 주변상가의 움직임이나 제품에 대한 호응도 등 정보를 본사로 보낸다. 정확한 수치자료뿐 아니라 느낌으로 감지되는 주변 동향까지도 모두 띄운다. 본사에서는 이 정보들을 취합해 중요한 데이터베이스로 활용한다.

인터넷 매장관리 시스템은 데이터웨어하우징시스템과 만나 시너지효과를 낸다. DW시스템을 통하면 단편적인 매출, 반품 자료가 중요한 정책판단 근거로 탈바꿈한다. 조기형 실장은 DW시스템 분석을 통해 일년중 6~8월 매출이 가장 낮으며 7월부터 A 브랜드 상품 반품률이 급증했으며 소아용 세품은 매출 기여노가 낮다는 등의 정보를 뽑아낼 수 있었다고 밝혔다. 좋은사람들은 직원들의 정보활용 능력을 높이기 위해 DW 운용과 활용법에 대한 시험도 실시하고 있다.

사이버 콜센터에서는 일반 고객의 불만은 물론 대리점 관계자들이 전하는 고충을 E메일로 받고 있다. 대리점 관계자가 본사에 요청했지만 제대로 받아들여지지 않았던 가장 불편한 점을 모아 사이버 콜센터에 전하면 콜센터에서는 이 내용을 직접 본사 임원급 담당자에게 전한다. 이렇게 되면 대개 만 하루를 넘기지 않고 대응조치가 취해진다. 좋은사람들은 전산시스템을 구축한 뒤로 본사에 대한 대리점의 신뢰가 높아지고 사장되던 정보를 살리게 돼 업무효율이 매우 높아졌다고 밝혔다. 좋은사람들은 직원 3백70여명에 전국에 3백50여곳의 대리점이 있다. 올 상반기에는 지난해 같은 기간에 비해 40%이상 매출이 늘었다. 경기 회복도 한몫 했지만 이 회사측에서는 전산시스템을 구축한 덕도 크다고 해석한다.

「한국경제」 1999년 8월 23일

델컴퓨터의 가상적 통합전략

델 컴퓨터사는 세계 최초로 주문을 받아 PC를 생산하고 고객에게 직접판매(direct sales)하는 사업모델(direct business model)을 통해 세계적인 PC 제조업체로 발돋움한 기업이다. 델사의 경쟁우위 요인에는 환경의 변화를 충분히 읽어낸 혁신적인 사업모델과 고객, 공급업자, 제조업자간의 가상적 통합(virtual integration) 체계의 효과적 구축을 통한 e비즈니스로의 성공적 전환이 있었다.

델사의 창업 당시(1984년) 비즈니스 모델은 이미 변화하고 있는 고객과의 관계(customer relationship)를 적절히 반영하고 있었다. 컴퓨터 관련 기술력과 하드웨어에 대한 관심과 이해도가 어느 정도 일반화되어 중간 대리점 영업사원의 상세한 설명보다 스스로 원하는 사양의 제품을 언제 어디서나 구입하려 하는 잠재고객이 늘고 있었다.

델사는 전화나 팩스 주문에 의한 납품(make-to-order)을 하고 중간 유통망 없이 직접 판매하였다. 이것은 유통마진의 절감보다는 재고량을 획기적으로 줄임으로써 신모델의 빠른 등장으로 재고 가치가 하루 아침에 급락하는 위험을 막는데 큰 도움이 됐다. 델사는 지난 96년부터 e비즈니스를 시작하면서 웹사이트로는 일반 고객들에게 원하는 사양에 따른 비용을 계산해줬을 뿐만 아니라 주문접수 및 처리상태를 파악할 수 있도록 했다. 기업 고객들과는 인트라넷과 연결되어 사전에 협상한 가격,

모델 및 사양에 관한 맞춤형 정보를 제공해주었다.

지속적인 IT투자와 이를 이용한 정보의 흐름은 구매 제조 유통 전반의 공급체인과 연계됨으로써 가상적 통합을 이루었다. 이것은 관계 협력사들이 마치 회사 내부에 있는 것처럼 사업활동을 전개할 수 있게 만들었다. 이러한 효과적 운영에는 마이클 델의 남다른 리더십과 이를 뒷받침해주는 성취지향적 기업문화가 있었다.

변화의 흐름을 사업에 잘 반영하고 확신을 갖고 주도하는 점, 그리고 엄청난 순이익과 매출액 성장에 만족하지 않고 서버와 홈오피스와 같은 새로운 시장으로 확대 진출한 점 등이 그의 탁월한 리더십을 말해주고 있다. 델 사의 조직 구조는 시장 대응 전략에 따라 지속적으로 변화됐으며 기본적으로 유연하고 수평적인 구조를 유지하였다. 고객 세그먼트별로 구획된 사업단위별로 성과기반의 보너스를 제공함으로써 고객중심을 강화하였고, 온라인 회사는 독립된 사업부 형태를 띠면서 모든 세그먼트를 온라인 상으로 관리할 수 있도록 했다.

그리고 모든 프로세스는 스피드를 향상시키기 위해 리엔지니어링 되었으며 매우 효율적으로 운영되었다. 최근 델사는 기업간 전자상거래(BtoB) 시장의 확대를 위해 노력하고 있다. 아리바(Ariba)와 제휴관계를 체결한 데 이어 IBX 구매 소프트웨어를 통해 델 고객사들이 다른 공급자로부터 제품을 구매할 수 있도록 했다. 여기서 주목해야 할 점은 델사가 매출의 82%를 PC나 서버 등 하드웨어를 통해 달성하고 있지만 언제 변할지 모르는 환경에 대비해 인터넷 서비스(ASP 솔루션 등) 전담 부서를

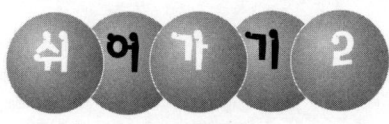

운영하고 웹호스팅 및 네트워크 디자인 업체와의 전략적
제휴를 통해 서비스 개선을 게을리하지 않고 있다는 것
이다.

「한국경제」 2000년 7월 4일

10. 주문관리 프로세스의 리드타임 축소

간접부문의 리드타임 비중

보스턴 대학교의 설문조사에 의하면 제조담당 매니저의 근무시간 중 95%를 계획과 스케줄 수립에 쓴다고 한다. 또한 이들 중 35%만이 회사내에 도입한 계획수립용 시스템을 효과적으로 사용한다고 한다.[※]

> ※ K.C. Hadavi, "Delivering On-time Performance : What's wrong with planning and Scheduling System, APICS, Performance Advantage, March 1997,Vol 7, No. 3)

리드타임의 많은 부분은 사무실의 간접부문의 업무에서 발생한다. 단순히 제조현장에서의 개선과 혁신만으로는 리드타임을 줄일 수 없으며 비용절감의 정도가 크지 않다. 어찌 보면 우리나라의 경우 이 간접부문의 리드타임 축소가 경쟁력 회복의 지름길일지도 모른다.

제조기업에서 사무실 업무는 주문의 입력, 프로세스 계획, 원가계산과 추정, 디자인 엔지니어링, 제조엔지니어링, 스케줄링 등 다양하며 다음의 세 가지 영역에서 리드타임에 큰 영향을 미친다.

- request for quotations(RFQ) 처리 : 오더를 확실히 따오기 위해 필요한 모든 활동
- 오더의 처리 : 오더 접수에서 공장작업장에 제조지시를 내릴 때까지의 모든 활동
- 신제품이나 주문형 타입의 품목의 경우 제품디자인과 엔지니어링 개발

여기서 RFQ 프로세스란 주문획득을 위한 제반과정을 말한다. RFQ는 고객의 요구사항에 기초하여 작성한 일련의 서식으로 원가추정을 위한 견적서의

역할은 한다. 고객은 그들의 요구사항을 영업담당자에게 설명하고 RFQ를 작성한다. 영업담당자는 RFQ를 본사로 가져와 고객이 요구하는 제품을 그들이 요구하는 리드타임 내에 납품할 수 있는지 여부를 판정한다. 물론 이 과정에서 고객에게 제시할 가격도 추정한다. 이런 과정을 거치면 영업담당자는 다시 고객과 만나 납품조건과 가격을 제시한다. 만약 고객이 모든 조건에 만족하면 주문을 확정짓지만 그렇지 않으면 그 주문은 없었던 것으로 하거나 또는 계약조건에 대한 논의를 다시 시작하게 된다.

비록 휴대폰, 팩스, 전자메일 등을 통해 영업, 본사, 고객간의 연결은 빨라졌지만 RFQ를 처리하는 기본 프로세스에는 큰 변화가 없는 형편이다. RFQ를 제대로 처리하기 위해서는 여러 부서를 순차적으로 돌아다녀야 하고 이 과정에서 부서간의 적절한 커뮤니케이션 부족으로 많은 시간을 낭비한다. 하나의 RFQ를 처리하는 데 소요되는 시간이 모두 합쳐 하루가 되지 않는 경우에도 고객에게 RFQ가 도착하는 데는 10일이 걸릴 수도 있다. 따라서 RFQ의 처리와 관련한 리드타임을 감소시키기 위해서는 RFQ가 처리되는 프로세스 전반을 근본적으로 변화시킬 필요가 있다.

고객이 제조회사에 어떤 주문을 의뢰할 때 다음의 세 가지 질문을 한다.

- 이 제품을 만들 수 있는가?
- 가격은 얼마가 될 것인가?
- 언제 주문이 완료될 것인가?

제조회사의 입장에서 보면 이 질문들은 다음의 세 질문으로 바꾸어진다. 고객이 요구한 것을 경제적이고도 효율적으로 제조할 수 있는가? 제조비용은 얼마나 들 것인가? 그리고 이 주문은 이미 받아들인 주문을 포함하여 제조시스템 전체에 어떤 영향을 미칠 것인가? 그러므로 고객이 요구한 RFQ를 신속히 처리해 주기 위해서는 이 세 가지 물음에 대한 답을 신속히 제시할 수 있어야 한다.

코스트 측면에서의 간접부문

사무실 업무는 리드타임의 절반 이상을 잡아먹을 뿐만 아니라 사무실 운영 경비는 총원가의 25% 이상을 차지한다. 많은 MTO형의 제조기업에서 고객에 대한 납품 리드타임의 50% 이상이 고객의 주문관련 처리업무에서 발생한다고 한다. 고객의 요구가 별로 다양하지도 않아도 이런 현상이 발생한다고 한다. 이런 현상은 배취(batch) 형태로 일을 처리하는 기능별 조직 하에서는 충분히 일어날 수 있는 일이다. 그렇지만 지금까지 혁신이나 개선은 주로 제조현장에 해당되는 것으로 간주했다. 사무실에서의 업무는 화이트 칼라의 일로 제조현장을 계획하고 관리하는 것이지 그 자체가 계획되고 관리되어야 할 대상이라 생각하지 않았다. 특히 테일러의 과학적 관리법에서 관리계층과 현장작업계층의 분리를 주장한 이후 계속 이어진 현상이다.

어느 연구에 의하면 임원, 부장급 계층의 관리자들은 사무실 내에서의 업무 흐름에 대해 매우 단순하면서도 일부분만, 그리고 부정확하게 이해하고 있는 것으로 나타났다. 동시에 조직내의 대부분의 사람들은 자기 일에 대해서만 온갖 상세한 것까지 생각하며, 내 부서 일의 전체적인 흐름에 대해 다른 부서의 누군가가 이해하고 있을 것이라고 생각하곤 한다. 물론 다른 부서의 누구도 제대로 이해할 리가 없다. 그뿐만 아니라 부서 안에서도 주문처리에 대한 완전한 처리 프로세스에 대한 정확한 지식이나 절차가 확립되어 있지 않았다. 심지어 그 부서의 책임자도 자신이 책임지는 프로세스를 구성하는 스텝과 순서에 대해 정확히 알지 못하고 있다.[※]

※ Shapiro, B.P., V.K. Rangan and J.J. Sviokla, "Staple Yourself to an Order," Harvard Business Review, July/August, 1992, pp. 113-122

이는 아마도 직접노동시간을 토대로 한 간접비 배부 원가계산방식에 너무 오랫동안 젖어 있어 사무실운영에 따른 간접비는 당연히 발생하며 원가에 배부되어야 하는 간접비로 여기는 경향이 있다. 또한 리드타임을 열심히 줄이고자 노력하는 조직도 사무실의 운영에 대해서는 무심한 경향이 있다. 리드타임의 상당부분이 사무실 업무처리에서 발생한다는 사실을 잊고 있다. 주문을 접수한 뒤 생산작업장에 전달한 시점까지의 소요시간의 기록, 그동안 처리한 업무의 내역에 관한 자료를 수집·정리하는 조직은 별로 없다. 필요 이상 지연되었을 때 그 원인을 분석한 경우도 없다. 평가하지 않으면 관리하기 힘들다는 말처럼 지금까지는 별로 관심을 쏟지 않았다는 의미이다. 따라서 개선해야 할 인센티브도 존재하지 않았다. 결과적으로 리드타임의 축소가 가져다 줄 전략적 효과에 대해서도 무심했다는 결론을 내릴 수 있다.

긴 리드타임이 가져다 주는 문제점

신제품 디자인을 담당하는 부서를 생각해보자. 어떤 주문에 대한 디자인을 이 부서에 요청했을 때 바로 그 자리에서 처리해 주지는 못한다. 이미 접수되어 있는 작업들이 몇 개 있을 것이고 어떤 식이든 간에 스케줄 수립이 필요하다. 다른 부서도 마찬가지일 것이다.

각 부서의 책임자는 다음과 같은 이유로 인해 미리 계획을 수립해야 한다고 생각한다. 첫째 주어진 납기내에 일을 처리하기 위해서 미리 앞을 내다보며 계획을 수립해야 한다. 둘째 어떤 일들이 앞으로 도착할 것인가에 대한 예측을 함으로써 해당 업무를 처리할 인력에 대한 계획을 세운다. 셋째 새로운 일에 대해 얼마 정도의 여유(납기)를 부여해야 할지 알기 위해 계획을 세운다. 리드타임이 길어지면서 이런 계획의 정확성은 떨어진다. 고객의 요구가 바뀌며, 예상치 못한 새로운 일이 생기며, 실수나 누락으로 인해 재작업을 해야 하는 경우가 발생한다. 이런 경우 본래의 계획은 처음과는 전혀 다른 모습을 띠게 된다. 이런 문제를 몇 번 경험한 책임자는 계획수립 기간에 어느 정도의 여유시간을 집어넣고자 한다. 이로 인해 리드타임은 더 길어지고 필요 이상으로 새로운 작업들이 일찍 부서로 밀려온다.

물론 리드타임이 필요 이상으로 길므로 대부분의 일들은 계획된 리드타임내에 처리할 수 있다. 그러나 경쟁업체에게 주문을 빼앗기지 않으려고, 또는 중요고객이 갑자기 주문내역을 바꾸면서 이전과 같은 납기를 계속 유지해 달라고 할 때 소위 '긴급작업(rush order)'이 발생한다. 동분서주하면서 이 일들을 제 때에 끝내놓고 나면 처음에 계획했던 일들은 여유시간을 감안하여 받아들였음에도 불구하고 모두 늦고 만다. 결국 리드타임은 더 늘어질 수밖에 없다. 모든 부서들이 이런 과정을 거쳐가면서 리드타임은 끝없이 늘어만 간다. 계획은 더 엉망이 되면서 소위 긴급작업은 더 늘어간다. 리드타임의 악순환이 계속되는 것이다.

이런 현상의 근본 원인은 제조현장의 경우와 똑같다. 모든 사람들이 생산성을 높이기 위해, 그래서 해야 할 일이 계속 쌓이도록 계획을 잡는 것에 있다. 이를 위해 배취의 형태로 일들을 모아 일괄처리하려고 한다. 즉 한번에 하나씩 하는 것이 아니라 일정개수가 될 때까지 모아 둔다. 그렇지만 모든 부서마다 이런 식으로 계획을 짜면 리드타임은 비약적으로 증가할 것이 틀림없다. 또한 각자 하는 일의 범위가 매우 좁기 때문에 자신의 부서에서 잘못 처리한 일의 결과가 한참 뒤 몇 개의 부서를 거쳐 간 뒤에야 잡히기도 한다. 전체적인 일의 흐름을 아는 사람이 없기 때문일 것이다. 수직적인 조직체계에서 부서간의 의사소통이 원활하지 못할 때 이처럼 처리한 일을 땜질하는 경우가 빈번하다. 모든 일들을 부서책임자들을 통해 전달되며 잘못된 일의 수정도 마찬가지다. 더구나 배취로 일을 처리하다 보면 일은 더 쌓여만 간다. 생산성은 자연히 떨어지고 끝도 없이 일만 쌓여 간다.

이런 현상을 불러일으키는 또 하나의 이유는 사무실 일들이란 것이 대개 정보를 다루는 일이기 때문이다. 예를 들어 협력업체에서의 부품가격에 대한 통보, 고객의 주문내역 확인 전화에 대한 응답, 사용하는 컴퓨터 시스템간의 커뮤니케이션 불가능으로 인해 하나의 데이터를 여러 번 입력함으로써 시간을 더 소요하기도 한다.

악순환의 제거방법

들쑥날쑥하는 리드타임을 축소하기 위해서는 기업의 업무구조를 전통적인 기능별 구조에서 리드타임단축에 초점을 둔 새로운 체계로 바꾸어 나가야 한다. 사무실 운영에서도 공장의 작업현장에서와 같은 혁신이 필요하다. 작업장에서는 자재가 흘러가지만 사무실에서는 정보와 서류가 흘러간다는 차이가 있을 뿐이다. 리드타임 축소를 위한 가이드라인을 정리하면 다음과 같다.

- 우선 중요 시장을 초점으로 하여 사무실 셀(office cell)을 구축하고 이에 따라 일의 처리 프로세스를 재구축한다. 작업장에서 셀을 구축시 고려했던 그런 요인들을 감안한다. 가령, 경쟁업체에게 밀리는 부문, 잠재시장이 큰 영역, 리드타임 단축으로 큰 혜택이 있을 영역 등을 택한다.
- 신속한 흐름을 도모할 수 있도록 자원과 지원을 해준다. 전통적인 통제와 승인과정을 제거한다.
- 처리작업의 흐름을 연속화해야 한다. 한번에 일괄처리하고자 처리해야 할 서류나 작업들을 뱃취로 모아서는 안된다. 만약 뱃취로 할 수밖에 없다면 그 이유를 분석하여 연속적인 흐름이 될 수 있도록 조정해야 한다.
- 전통적인 기능별 조직구조에서 탈피하여 한 사무실이 다기능(multifunctional)적이고, 교차훈련(cross-trained)을 거친, 통합적인 자체완결적 팀을 토대로 한다. 여기서 자체완결적이란 셀내에서 모든 일을 마무리함으로써 셀 밖으로 나갔다가 다시 되돌아오는 일이 없다는 것이다. 현장기술자들을 다양한 작업을 능숙하게 할 수 있는 다기능공으로 육성하듯이 사무실의 간접부문 종사자들도 유사한 방향으로 육성한다.

이처럼 다양한 일을 맡아 처리할 수 있으면 같은 셀의 동료가 아프거나 휴가 가더라도 일의 처리가 지연되지 않게 할 수 있다. 또 같은 일만 반복하는 지루함에서 벗어나며 분업의 한계도 극복하여 리드타임을 현저히 줄일 수 있다. 만약 기존 조직에서 다른 부서에의 서류전달을 하루에 한번 했다면 5개의 부서를 거치면 서류전달에만 5일이 걸린다. 이런 낭비적 시간을 줄일 수 있다는 것이다. 심지어 같은 사무실 내에서의 서류전달도 마찬가지다. 담당자가 책상에 없는 경우 깜박 잊고 전해주지 않을 수도 있다. 그뿐만 아니라 각자가 전체 프로세스를 이해할 수 있게 되어 생산성도 높아진다. 전체를 이해함으로써 불필요한 일을 제거할 수 있는 시각을 습득하게 되기 때문이다.

팀의 위력

리드타임의 축소전략은 근본적으로 팀을 토대로 수행된다. 즉 품목그룹별로 마케팅, 판매, 제품개발, 스케줄링, 생산, 구매 전문가들이 하나의 통합팀을 구성하여 고객과의 커뮤니케이션 속도와와 질을 높이고 모든 일을 유기적으로 처리할 수 있도록 지원한다. 총무, 인사, 재무 등과 같은 원래의 기능별 부서는 매우 작은 규모의 지원조직으로만 남게 된다.

팀을 통해 개혁을 이끌어 가도록 하는 전략은 조직 전체로 볼 때 상당한 노력을 필요로 한다. 팀은 오케스트라처럼 지휘하기 어렵다. 종래의 관리방식에 비해 전혀 다른 유형의 도전을 필요로 한다. 팀을 통한 관리를 제대로 하기 위해서는 의사소통기법, 인간관계의 개선기술, 리더십 등의 방법을 익혀야 할 것이다. 성공적인 팀을 구축하고 운영하기 위해서는 다음과 같은 몇 가지 원리를 생각해봐야 한다.

- 팀은 비즈니스의 목적이 필요하다. 그렇지 않으면 천천히 사라지고 만다. 단순히 인간관계를 좋게 하기 위한 목적으로 구성된 팀은 기업경영의 측면에서는 아무런 가치가 없다. QC서클이 사라져간 것도 같은 맥락에서 생각해볼 수 있다. 비즈니스라는 목적없이 단순히 모일 경우 무엇을 해야할지 모른 상태로 시간만 보내게 된다. 별로 관계가 없는 문제를 선택하여 작업하게 되며 언제 끝내야 하는가에 대해서는 관심이 없다. 이는 곧 포커스의 결여, 낙심, 포기, 실패로 이어진다. 완벽하게 해결해 보았자 기업의 목표와는 아무 관계없는 것을 택할 이유는 없다. 리드타임의 단축과 품질개선에 직결되지 않은 것까지 생각할 여유는 없다.
- 성공적인 팀은 체계적인 교육·훈련을 필요로 하며 선문가와 권리층의 지원이 뒷받침 되어야만 한다. 처음으로 팀에 참여하는 경우 스스로 성공하기 위해 필요한 기술과 지식을 충분히 가지지 못하는 경우가 대부분이다. 팀의 구성원으로 문제를 인식하고, 품질관리기법을 사용하며, 프로젝트 계획을 수립하고, 데이타를 수집하고, 주요 내용을 정리분석하기도 한다. 이런 것들을 제대로 하기 위해서는 충분한 교육과 훈련이 전제되어야 한다. 그렇지 않은 경우 실패는 확실하다.

● 그뿐만 아니라 전문가들의 역할도 변해야 한다. 과거에는 엔지니어, QC 담당자들이 문제를 인식하고 자료를 수집한 뒤 그 결과를 경영층의 승인을 받은 후 일선작업자들에게 별다른 사전교육 없이 무조건 강요하는 스타일이었다. 이제는 이러한 엔지니어들이 한걸음 더 나아가 팀에 참여함으로써 팀구성원에게 그들의 기술과 특기를 제공하고 지원해주는 역할을 하게 된다.

● 성공적인 팀의 운영을 위해서는 학습과 작업이 균형을 이루어야 한다. 즉 팀 구성원들이 학습과 기술개발에 투입하는 시간은 무엇인가 만드는 데 투입하는 시간만큼 생산적이고 가치있다는 것을 인식해야 하다. 시간이 없어서 교육을 받기 힘들다든가, 늘 생산에 밀려서 전체적인 교육스케줄을 잡지 못한다는 것은 있을 수 없다. 모든 구성원들의 시간중 20% 정도는 학습과 기술개발에 투입해야 한다. 다기능공을 통한 신축성향상도 여기서 출발한다.

● 팀은 그 결과에 대해 책임질 수 있어야(accountable) 한다. 많은 경우 프로세스의 혁신과 개선을 위해 팀을 구축하곤 한다. 그러나 팀의 활동을 통해 어떤 긍정적인 결과가 반드시 나올 것이라는 것을 확신하여 추진하지 않으면 팀 자체의 사기는 오히려 떨어지고 만다. 개선과 혁신을 목적으로 하는 팀이라면 당연히 결과에 대해 책임져야 한다.

효과적인 팀노력의 시너지 효과는 각 개별구성원들의 노력의 합보다 훨씬 크다. 예를 들어 아무리 슈퍼스타가 많더라도 팀웍이 없으면 시합에서 이길 수 없다. 효과적인 팀이 그냥 적절한 사람들을 모아놓았다고 해서 생기는 것은 아니다. 스포츠팀과 다를 것이 하나도 없다. 팀 효과성의 시너지효과는 다음과 같다.

● 리드타임에 관한 문제의식의 확산과 다양한 정보의 확보: 아무리 한 사람이 많이 알고 있다 하더라도 전체의 시각에서 보면 그 가치는 극히 미미하다. 적지만 여러 사람들의 의견과 정보를 통합함으로써 전체적인 정보의 가치를 증대시킨다.

● 다양한 문제해결방식의 집결 : 서로 다른 배경을 가진 구성원들이 모이게 되면 전에는 생각하지 못했던 문제해결방식을 찾아낼 수 있다. 특히 남의 생각을 통해 제한적이고 편협했던 사고방식의 폭도 넓힐 수 있다.

● 팀이 도출한 대안의 타당성 인식 : 보다 많은 사람들이 팀에 능동적으로 참여할 때 그 대안에 대한 소유의식이 강해지고 책임감이 커진다. 결과적으로 이 대안을 다른 사람들에게 제시할 때 훨씬 빠른 시간 내에 그 타당성을 인식시킬 수 있다.

〈그림 10-1〉 팀의 위력

흐름도의 작성

조직내의 리드타임을 단축하기 위한 혁신의 시발점을 찾는데 큰 도움을 줄 수 있는 도구는 흐름도이다. 품질경영에서 가장 많이 사용되는 기법 중의 하나인 흐름도는 리드타임 단축을 위한 문제점 파악에도 매우 효과적이다.

흐름도는 프로세스적 관리를 전제로 하며 일이 되어가는 모든 과정을 하나 하나 파악해가기 위해 필요하다. 여기서 프로세스란 투입물을 제품이나 서비스 산출물로 전환시키기 위해 함께 연결된 일련의 부가가치 업무을 의미한다. 부가가치 업무(value-added task)란 프로세스에 필수적인 작업 노력이며, 가치를 부가하지 못하는 업무 즉 비부가가치 업무(non value-added task)란 프로세스에 중요하지 않은 작업 노력이다.

프로세스에는 투입물과 산출물이 있다. 투입물(input)은 제품 또는 서비스를 만들어내는 데 필요한 정보, 자재, 자원이다. 이것은 생산 프로세스의 출발점이다. 산출물(output)은 여러분이 다른 개인 또는 집단에 제공하는 제품, 정보 또는 서비스이다. 이것은 프로세스의 종착점(또는 결과)이다. 프로세스가 시작되고(투입물) 끝나는(산출물) 시점들을 프로세스 경계(process boundaries)라고 한다.

한편 프로세스의 고객은 프로세스 산출물을 받는 개인이나 작업집단 또는 부서일 수 있다. 고객은 생산자가 만들어서 제공한 산출물에 대해 요구조건을 규정한다. 기본적으로 고객에는 두 가지 종류가 있다. 내부 고객(internal customer)이란 생산자와 같은 조직에서 일하는 개인, 작업집단 또는 부서이다. 이상적인 새 프로세스에 대한 실제 지도를 그리기 전에 고려해야 할 사항은 다음과 같다.

프로세스를 혁신적으로 고치기 위해서는 우선 프로세스를 나타내는 전체적인 흐름을 제대로 이해하고 있어야 한다. 이를 위해 흐름도를 작성해야 한다. 프로세스의 운영상태를 제대로 이해하지 못한 상태에서의 조치는 엉뚱한 결과만을 초래할 뿐이다. 흐름도를 그리는 방법은 다양하다. 단순히 그림을 그릴 수도 있고 여러 가지 기호를 이용하여 자세히 나타낼 수도 있다. 흐름도의 구축은 그 프로세스에 참여하는 모든 구성원과 이해관계자가 참여하여 팀으로 운영되어야 한다. 한번에 끝나는 경우는 거의 없으며 여러 번에 걸쳐 수정이 이루어진다. 다음과 같은 질문을 많이 하면 할수록 흐름도는 더욱 알차진다.

◉ 서비스나 자재는 어떤 처리과정을 거쳐가고 각 단계별로 얼마나 시간이 걸리나?

● 각 단계에서 얼마나 기다리는가? 그 이유는 무엇인가?
● 이미 처리한 부서로 되돌아와서 다시 일을 처리하는 경우는 얼마나 빈번한가?
● 그 이유는 무엇인가?
● 서비스나 자재가 필요하다는 결정은 누가 내리는가?
● 각 공정을 거친 제품이나 서비스는 어디로 가는가?
● 각 공정에서 어떤 테스트를 거치는가?
● 만약 테스트 결과가 불합격이면 어떤 조치를 취하는가?

흐름도를 작성하게 되면 무엇보다도 프로세스를 구성하는 사람들 스스로가 프로세스에 대한 이해를 제대로 할 수 있다. 프로세스에 이끌려 가지 않고 능동적으로 관리할 수 있다는 것이다. 그외 흐름도를 구축함으로써 기대할 수 있는 효과를 요약하면 다음과 같다.

● 흐름도를 통해 프로세스 전체를 객관적으로 보게 되면 개선의 포인트도 쉽게 알아 낼 수 있다.
● 조직구성원들은 각자가 프로세스 전체에서 어디에 속하고 있는지 알게 되며 프로세스상에서의 자신의 공급업자와 소비자를 시각적으로 파악해 낼 수 있다. 이를 통해 부서간의 커뮤니케이션이 원활해지고 일체감을 조성할 수 있는 계기가 된다.
● 프로세스의 흐름도 구축에 참여한 사람들은 이를 계기로 하여 품질개선에 더욱 힘쓰게 되기도 한다.
● 특히 신입사원의 훈련에 아주 효과적이다.
● 무엇보다도 프로세스를 구성하는 모든 사람들이 같은 단어를 사용하여 프로세스의 구조를 이해하게 된다. 당연히 낭비가 줄어들고 부서간의 소비자·공급자 관계가 훨씬 더 원활해 질 것이다.

흐름도를 이용하여 처리공정별 시간과 비율, 처리공정별 방문회수, 부가가치증대 시간과 처리별 평균리드타임, 비부가가치적 시간비율 등에 관한 자료를 축적하기 위해서는 일단 〈도표 10-1〉과 같은 점검표를 이용할 필요가 있다. 이 표는 각 공정별로 처리한 사람의 이름, 처리내용, 담당자의 손에 들어온 시간, 담당자의 손에서 나간 시간을 기입하는 칸 등으로 구성되어 있으며 작업 지시서나 처리 서류파일에 부착시켜 회람시킨다.

이 름 (부서)	IN (날짜와 시간)	OUT (날짜와 시간)	처리한 일의 내용	비 고
홍길동 (반품부서)	3/1 오후3시	3/2 오전 11시	반품 가능여부 체크 및 반품 내역서 작성	
.	.	.	.	
.	.	.	.	

〈도표 10-1〉 흐름도 구축을 위한 기초자료 수집용 점검표

흐름도의 가치

이제 간단한 예를 통해 흐름도의 가치를 살펴보기로 하자. 〈도표 10-2〉는 산업용 절삭기구를 생산하는 중소제조업체의 생산프로세스를 간략히 그린 것이다. 이 그림은 고객의 주문에서부터 출하에 이르기까지 거치는 과정의 주된 작업을 나타내고 있다.

이 회사는 고객에게 정확한 납기를 제시하는 데 상당한 시간을 잡아먹고 있으며 그나마 납품리드타임도 평균이 24주이고 편차도 4주에서 36주로 신뢰성이 별로 없는 형편이다. 제품에 대한 평가는 좋았으나 납기가 엉망이었다. 리드타임 관리만 제대로 된다면 이 회사는 시장점유율을 획기적으로 늘릴 수 있는 절호의 기회를 맞고 있었다.

개략적인 조사를 통해 알아본 결과 마케팅담당자가 주문을 받고나서 최종제품을 출하할 때까지 실제 부가가치를 창출하는 활동에 투입되는 시간은 불

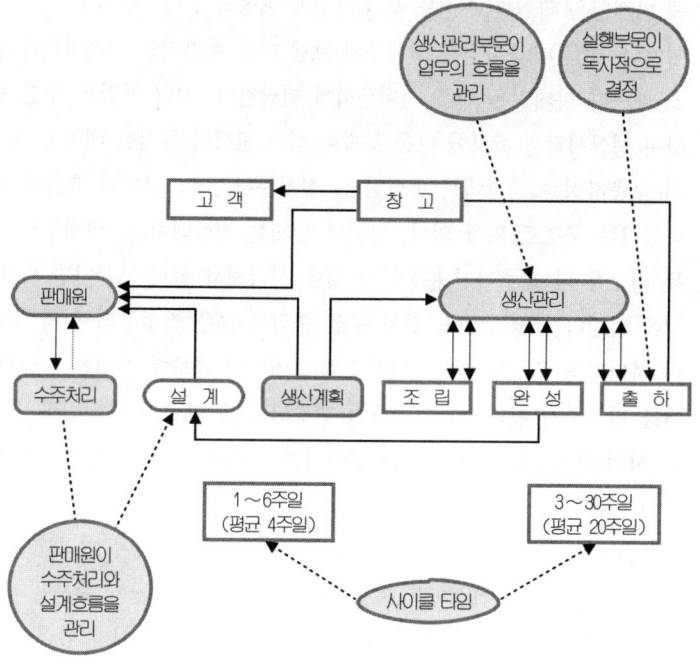

〈도표 10-2〉 생산프로세스의 흐름도

(출처 : Stalk, G. Jr., and T.M. Hout (윤은기 역, 21세기 북스),
Competing Against Time, Free Press, N.Y., pp. 273-288.)

과 1, 2주였다. 나머지는 전부 쓸데없는 일을 하거나 어디에선가 기다리는 데 시간을 낭비하고 있었다.

세일즈담당자가 고객으로부터 요구를 토대로 하여 주문내역과 제품의 기술 사양을 기록한 다음 그것을 수주처리 담당자에게 넘기면, 이 정보는 설계엔지니어, 생산계획부 등에 순차적으로 보내진다. 각 부서의 문제점을 간략히 살펴보면 다음과 같다.

🔘 세일즈 담당자는 현 공장의 납기상황을 감안하여 납기를 결정하고 주문의 우선순위를 정하도록 되어 있다. 그러나 리드타임이 워낙 길기 때문

에 마케팅은 확실한 주문을 받기도 전에 예상하여 발주한다.

- 이처럼 가(假)제품사양을 설계부에 보낸 다음 추가적인 기술정보가 입수될 때마다 마케팅은 이를 설계부서에 전달한다. 이런 생간은 우선 발주하여 생산시간을 확보한 다음 부족한 점은 고객이 확실한 내역을 결정한 뒤 보충하려는 생각에서 출발한다. 설계부서는 이 정보의 흐름에 따라 움직이는 구조로 되어 있다. 그러나 실제는 정반대이다. 설계부서는 모든 정보가 다 갖추어진 주문부터 일을 시작해서 설계가 끝나면 다음 공정에 맡긴다는 생각이다. 설사 우선 순위가 높은 작업부터 먼저 처리한다 하더라도 주문정보가 산발적으로 들어오기 때문에 작업은 중단과 재개를 반복하게 된다. 일정은 매일 변경되고 그 때마다 마케팅과 생산부문 사이에는 끝없이 코스트만 잡아먹는 중재와 교섭이 필요하게 된다. 납기는 이미 의미를 잃은 지 오래다.

- 생산관리부는 모든 주문을 조립·완성·출하로 분리하여 처리한다. 3개 부문을 따로따로 관리하고, 지연되거나 우선순위가 높은 주문을 이 세개의 단계 사이에 먼저 끼어넣으려는 생각에서이다. 그러나 이런 관행은 각 과정을 독자적으로 계획하게 함으로써 전체적인 작업흐름을 원활하게 진행하는 것을 막는다. 생산부문에서도 배취스타일로 작업이 진행되어 리드타임관리가 어려운 실정이다.

이렇게 문제가 복잡하였지만 전체적인 작업흐름에 대한 흐름도가 작성되기 전까지는 아무도 이런 문제의 근원에 동의하지 않았다. 늘 자기 부서 위주로 생각했고 자기 부서의 효율성을 높이려는 노력은 늘 다른 부서의 문제를 더욱 복잡하게 했다. 각 부서의 장은 중요한 테크놀러지나 인사 문제로 머리가 꽉 차 있기 때문에 매일 매일의 운영은 알아서 처리하라는 식이었다. 흐름도를 작성하기 전에는 기술이 유일한 경쟁 무기로 생각되고 있었다. 전체적인 흐름도를 작성한 후에야 리드타임이 큰 문제이며 모든 부서가 이에 대한 공통적인 책임이 있음을 인정했다.

RFQ 리드타임의 축소 사례

이번에는 RFQ 리드타임 절감 사례를 살펴보기로 하자.[※]

※ Suri, R. Quick Response Manufacturing : a Companywide Appro-
ach to Reducing Leadtime, Productivity Press, Portland, OR,
1998, pp. 352-356.

절삭공구를 생산하는 인거솔사는 주문의 접수 및 처리에 소요되는 리드타임
의 단축을 위해 작은 팀을 구성하여 자료수집에 착수하였다. 약 4주에 걸쳐
각 부서의 담당자들을 인터뷰한 뒤 흐름도를 작성하여 발표하도록 했다. 그
결과 주문접수 및 처리과정을 구성하는 작업들이 무려 80가지를 넘는다는 사
실에 모두들 놀라움을 금치 못하였다. 흐름도를 본 사람들은 각자 그 일부분
밖에 알지 못하였고 아무도 전체를 아는 사람이 없다는 사실에 또 놀라움을
금치 못하였다.

그 다음에는 각 오더 처리파일에 자료수집용 점검표를 끼어 넣어 시간을 기
록하게 했다. 물론 이 작업이 각자의 효율성을 계산하기 위한 것이 아님을 재
삼 확신시켰다. 8주쯤 지나고 나서야 충분한 자료가 모였다.

지금까지 제조부문은 너무 늦게 작업장에 지시서가 떨어져 납기를 지키지
못한다는 비난을 모두 떠맡았는 데 이번에 이 자료를 통해 2주나 잡아먹는다
는 것을 모두 알게 되었다. 이런 자료가 구체적으로 모인 것이 처음이었다.
자료를 분석한 결과 약 70%의 시간이 어느 부서에서인가 처리시간으로 나타
나고 겨우 30%만이 대기시간으로 나타나 상당히 실망스러운 결과로 나타났
다. 무엇인가 자료수집이나 분석과정에 문제가 있다고 느꼈다. 추가적인 인터
뷰와 태깅자료의 분석을 통해 몇 가지 추가적인 활동들이 비부가가치적인 것
으로 나타났다. 예를 들어 부정확한 파트나 날짜로 인한 정보의 부정확성, 배
취형태의 오더 파일들, 주문처리과정의 복잡성들은 여러 부서를 최고 4번이나
반복하여 되돌아갈 수밖에 없게 만들었다. 결국 약 70%가 불필요한 비부가가
치적 활동으로 드러났다. 이런 것들이 드러나면서 팀의 신뢰도는 높아갔다.

1단계 개선대상품목으로는 표준품과 지름이나 길이 등 한 두 가지 특성밖에
다르지 않으면서도 마치 완전히 새로운 맞춤형 품목으로 취급받는 것부터 손

을 대기 시작했다. 이런 품목들은 거의 표준품이면서도 쓸데 없이 장시간 붙들고 있는 품목들이어서 리드타임과 원가면에서 다른 경쟁업체보다 처지는 품목들이었다.

이 품목들을 대상으로 다기능, 교차훈련된 통합적인 자체완결적인 셀을 구축하기로 했다. 특히 앞뒤로 붙어 있는 부서 사이를 왕복하면서 처리하는 공정들을 셀안으로 몰고 다기능화함으로써 비부가가치적 요소를 많이 줄였다. 한 사람이 처리와 체크를 같이 하면 그만이었다. 또 하나는 부서별로 서로 공유하지 않고자 했던 자료들을 하나의 데이터베이스로 모아 단 한번의 입력으로 처리될 수 있도록 조직구조를 바꾸었다. 어떤 경우에는 단지 신용상태나 가격에 관한 자료를 채워 넣기 위해 한 부서에서 다른 부서로 파일이 이동하곤 했기 때문이었다.

이렇게 함으로써 리드타임을 약 3일로 줄일 수 있을 것으로 보았다. 이에 고무된 회사에서는 자체적으로 개선팀을 구성하여 각 처리단계별로 원가를 추정하던 방식에서 벗어나 주요 특성(features)별로 원가를 추정한 뒤 이를 표로 만들어 놓기로 했다. 즉 주요 특성만을 인식하면 곧 바로 이 표를 이용하여 원가를 추정하도록 했다.

두번째 개선은 세일즈맨들에게 고객과의 상담시 사용할 수 있는 가격표를 주었다. 여기에는 소위 각 제품의 특성 카테고리별 규격의 상하한선과 주요 특성중 수정할 수 있는 범위가 포함되어 있다. 또한 기술적 사항에 대한 지식을 많이 가지고 있는 세일즈맨들에게 리드타임도 바로 제시할 수 있는 권한을 주었다. 이로써 고객들은 전혀 기다릴 필요가 없게 되었다. 세번째는 12부서에 걸친 80가지 처리과정을 단 2명으로 구성된 셀이 담당하도록 했다.

드디어 리드타임은 10일 이상에서 24시간 이내로 줄었으며 어떤 품목들은 단 4시간만에 끝났다. 이제 주문에 대한 가격제시에서 납품까지의 리드타임이 8주에서 4주 이내로 줄면서 2년 만에 매출액이 3배로 늘었다. 이런 성공 과정속에는 몇 번에 걸친 세미나와 교육, 그리고 홍보, 복잡한 흐름도의 제시를 통한 개선의 당위성 발표, 조직구조 개편 등의 활동이 포함되어 있었으며 다음과 같은 구현전략이 뒷받침하였다.

● 리드타임 축소는 전략적인 계획의 결과이다. 따라서 최고경영자가 모든 과정에 적극적으로 참여하고 지원해야 한다.

● 리드타임 축소위원회를 구성하여 대상품목 그룹과 리드타임 축소목표를 정한다.

● 리드타임에 영향을 주는 부서에서 차출된 멤버들로 계획수립팀(planning team)을 구성한다. 이 팀은 보다 세밀한 목표를 세우고 현행 시스템을 분석한 뒤 QRM원리를 응용하여 여러 대안을 설정한 뒤 경영층에 제시한다.

● 구현팀(implementation team)을 구성하여 셀, 시간베이스 전략에 대한 교육을 시키고 실행에 들어간다. 이들을 평가할 평가지표 시스템도 같이 사용할 수 있도록 준비완료한다.

● 성공적인 결과가 나오면 다른 부서의 사람들에게도 소개하고 경영층으로부터 적절한 포상을 받도록 한다. 구현팀은 그동안의 구현과정과 어려웠던 점, 배웠던 점들을 기록으로 남기고 이 과정을 점차 확산시킨다.

오픈스피드 경영

사내·외의 정보·경영자원을 공유해 경영효율을 높이고, 시장환경의 변화에 민첩하게 대응할 수 있는 조직을 구축해야 한다. 일본 노무라 종합연구소의 수석컨설턴트 스즈키 간 이치로의 말이다. 그는 하루가 다르게 변화고 있는 국제환경변화에 신속하게 대응해 온 90년대 미국 기업의 경영 수법을 체계화 한 '오픈 스피드경영'을 주장하고 나섰다.

스즈키의 주장은 오픈스피드 경영은 기존 경영 스타일에 자신감을 잃어 가고 있는 수 많은 일본 기업들이 눈여겨 봐야 할 경영제도라고 강조한다. 오픈스피드 경영은 눈부시게 변화하는 시장상황에 대응하기 위해서는 아무리 하찮은 정보라 해도 공유해야 한다는 데 초점을 맞추고 있다. 특히 각종 정보를 포함한 모든 경영자원을 사내뿐만 아니라 사외조직 나아가 말단 거래처에까지 공개해야만 경영효율을 한단계 높일 수 있다는 것이다.

스즈키는 이를 실현하기 위해 '조직 IQ'의 필요성을 강조했다. 조직 IQ가 기업을 하나의 정보시스템으로 설정한 다음 1개의 정보가 어느 정도 효율적으로 처리되고 있는지를 수치화 해 이를 토대로 기업이 처해 있는 당면 과제 해결을 위한 지표로 정의하고 있다. 스즈키가 말하는 조직 IQ는 외부 정보에 민감한지, 민첩한 의사결정이 가능한지, 그리고 사원은 물론이고 거래처 사람들과도 공유할 수 있는지 등 모두 5개 항목을 면밀하게 점검해

산출해 낸다.

최고 경영자에서부터 상품을 내다 파는 말단 사원에 이르기까지 공동 설문조사를 실시, 그 결과를 표준 '편차값'으로 정한다. 즉 조사 결과는 5개의 항목별로 수치화 되기 때문에 경영단계별로 어디에 문제가 있는지를 정확히 알 수 있다는 것이다. 예를 들면 '정보의 공유'란 물음에 대한 편차값이 현저하게 낮으면, 사내와 거래처와의 정보전달 계통을 재검토해야 한다는 논리다.

'정보를 공개하는 것은 최고의 상대와 가장 손쉽게 만나서 제휴할 수 있는 길'이라는 스즈키는 일본 기업이 국제 경쟁력에서 살아남기 위해서는 자신이 주장하는 오픈스피드 경영을 한시라도 빨리 도입해야 한다고 역설했다.

현재 일본 기업들의 단점은 '회의시간이 길고, 부서별 경과보고가 빈번한데다 말단 직원들은 의사결정 권한이 전혀 없기 때문에 하찮은 일도 부장 등 임원의 지시를 받아야 한다는 데 있다. 특히 각 분야별로 자신의 영역을 침범하지 못하도록 방어적인 자세를 취하는 등 기득권을 주장하는 현상이 강하다고 지적했다. 극히 일부지만 타 부서를 격하시키기 위해 일부러 거짓 정보를 퍼트리거나 생산현장에서는 성능이 나쁜 부품을 사용하는 경우도 있다고 덧붙였다. 따라서 스즈키는 많은 기업들이 오픈 스피드경영 방식에 따라 '조직 IQ'를 실천한다면 일본 기업의 '변화'는 성공할 수 있을 것으로 확신하고 있다.

「매일경제」 2000년 7월 25일

사무처리 스피드의 향상

하이스피드를 추구하는 경영자들은 처리해야 할 사무로 인해 짓눌리지 않는다. 체계화되지 못한 사무는 우유부단, 지체, 우선순위의 혼동 등으로 상징된다. 체계화되지 못한 사무는 또한 위임의 실패를 반영한 것이기도 하다. 하이스피드 경영자들은 조직화된 업무영역, 효율적인 파일링 시스템, 서신과 사무를 처리하기 위한 전략 등의 중요성을 알고 있다. 다음과 같은 6단계 전략을 활용하면 서신과 사무를 보다 더 체계화할 수 있다.※

※ Johns, J.W. (박경성역, 21세기 북스),
  High Speed Management, 1994, 62-63쪽.

● 서류(전화메시지, 메모, 노트, 제안 등)를 당신의 책상 위에 쌓지 말라. 그대신 효율적인 파일링 시스템을 고안하여 이용하라. 또한 직원들이 당신의 책상위에 서류를 쌓아두지 못하게 하라.

● 각 서류는 바로 처리하도록 하라. 즉각적으로 답하고 그 서류를 철할지 폐기할지를 즉시 결정하라.

● 비일상적인 서신에는 간략한 답신을 적어라. 일상적인 서신에는 레터용지나 표준메모를 이용하라.

● 만약 전화나 직접 면담을 통해서 쉽게 처리될 수 있는 문제라면 메모를 이용하지 말라. 메모는 정보채널을 방해할 수 있기 때문이다. 메모는 기억하거나, 확실히 하거나, 확인하거나, 알리는 데만 이용하도록 한다. 또한 간부는 해결책이 제시되지 않은

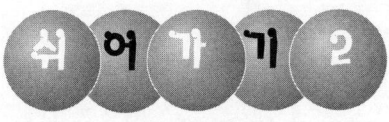

채 문제만 기록한 메모를 받으면 실망할 것이다. 이
것은 역(逆)위임의 감추어진 형태이다. 마지막으로
동료들에게 당신의 권한 범위 및 업무내용과 절대
적으로 관련되지 않는 한, 메모를 보내지 말라고 부
탁하라.

- 편지와 메모를 심사하고 우선순위를 정하여 가장
  중요한 문제가 맨 먼저 처리될 수 있도록 하라. 서
  신은 '사인', '즉각 행동', '행동 연기', '단순한 정보'
  등의 4가지로 구분된 서류철 중 하나로 집어 넣을
  수 있다.

- 정기적으로 사소하거나 낡거나 이용하지 않는 정보
  를 파일에서 뽑아내라. 불필요한 서류를 보관하는
  것은 어떤 이유로도 인정될 수 없다.

11. 스피드 혁신전략의 구현 사례

1. 첫째 사례 - 산업용 포장기기 생산업체 A사

배경

할인매장에 가보면 음료수 페트병은 투명한 플라스틱으로 팽팽하게 포장되어 있어 지게차로 운반하더라도 흔들리지 않는다. A사는 이런 포장기기를 주문에 의해 생산하는 업체이다. 팔레트의 종류와 크기, 포장하고자 하는 제품의 크기와 특징에 따라 포장기기의 사양도 달라진다. 포장기계의 생산은 〈도표 11-1〉과 같이 여러 공정을 거친다.[※]

공 정	작 업 내 용
재단공정	철재빔을 절단하여 프레임을 만든다.
가공공정	부품을 부착하기 위해 필요한 구멍을 뚫는다.
용접공정	완전한 형태의 기계를 만들기 위해 여러 철재 틀을 용접한다.
도색공정	충격방지용 베이스코트를 입히고 그위에 최종칠을 한다.
서브조립공정	외부에서 주문한 큰 덩치의 부품들을 조립한다.
최종조립공정	모든 필요 부품을 부착하여 완제품을 생산한다.

〈도표 11-1〉 생산공정의 요약

※ Womack, J.P. and D.T. Jones, Lean Thinking: Banish Waste and Create Wealth in Your Organization, Simon & Schuster (1996).

그러나 최종조립공정이 생산라인의 끝은 아니다. 이 회사는 4가지 기본형을 생산하지만 효율성을 위해 한번에 같은 타입을 10대에서 15대씩을 가공 조립한다. 그러나 고객은 보통 한 대만을 구입할 뿐이다. 그래서 나머지 기계들은 완제품보관창고로 이동시켜 고객의 주문이 들어올 때까지 기다린다. 출고할 때가 되면 마지막으로 흠이 있나 보고 다시 한번 마무리 가공과 페인트 공정을 거친다. 경우에 따라서는 최종 조립라인으로 되돌아가서 선택사양을 바꾸기도 한다. 고객의 주문내역이 바뀌었기 때문이다. 마지막으로 출고공정으로 옮겨져 공장에서 나간다.

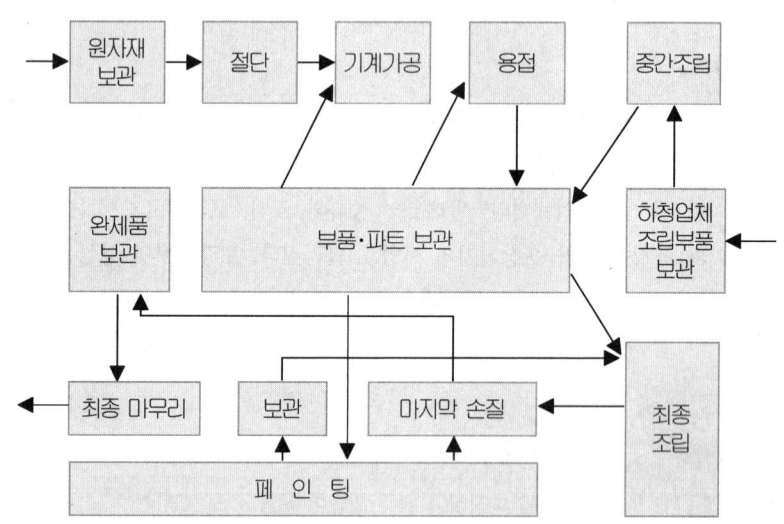

〈도표 11-2〉 생산공정의 레이아웃

이 회사의 관리상의 진짜 어려움은 다른 데 있다. 기계사양은 대개 고객의 주문에 의해 결정되고 가격은 만불에서 5만불 사이이다. 표준화된 제품을 파는 것이 아니어서 고객 주문처리의 어려움에 따라 값이 달라진다. 가령 특이한 선택사양을 추가한 기계의 가격은 고객에게 알려주기 전에 미리 회사에서 승인을 받아야 한다. 이 경우 판매부서내의 엔지니어링 분석팀에 기계내역에 관한 제안서를 보내 원가를 분석한다. 그 다음 가격에 관련한 숫자가 판매부서에 넘겨진다. 고객이 가격을 받아들이면 다시 생산스케줄 부서에 넘겨진다.
고객이 승인한 최종 오더는 다시 주문접수부서에서 신용체크부서를 거쳐 엔지어링분석팀에 되돌아와서 BOM 구축으로 이어진다. 보통 오더는 각 부서에서 거치는데 상당한 시간을 잡아먹고 대략 12일에서 14일 정도 걸려야 스케줄링부서에 도달한다. 그러나 실제 처리에 소요된 시간은 2일 정도이다. BOM이 부착된 주문은 스케줄링부서에서 MPS(생산계획)에 추가된다. 그러나 여러 부서를 거쳐 처리되기 때문에 오더관리부서를 만들어 오더의 처리과정을 추적하도록 하고 있다. 필요한 경우 이 부서를 통해 생산의 우선순위를 바꾸기도 한다.

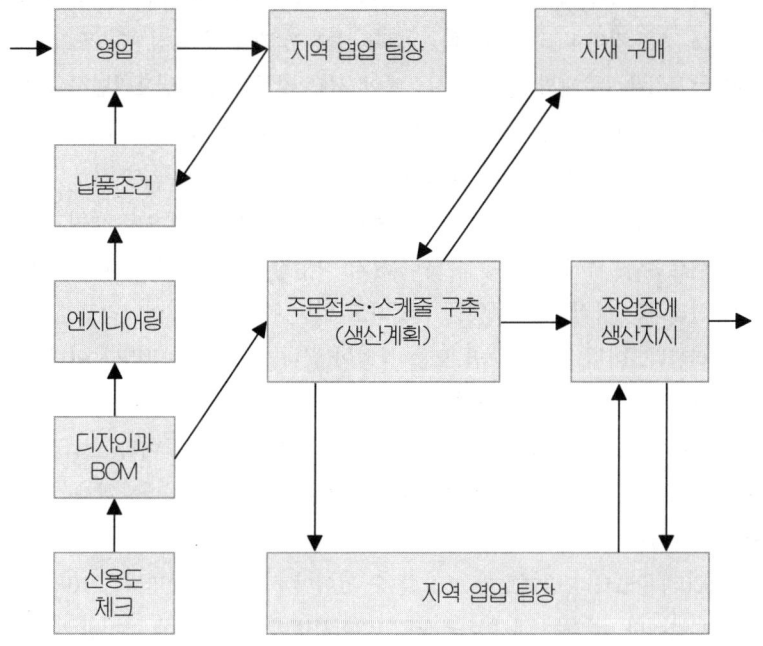

〈도표 11-3〉 기존의 주문처리 과정

생산스케줄은 MRP에 의해 구축된다. 매일 아침 각 작업장은 그 날 해야 할 일을 컴퓨터 출력을 통해 받고 그날 퇴근전에 작업 진척도를 보고한다. 시스템 자체는 그럴듯한 데 실제는 상당히 골치 아프다. 고객의 주문사양이 자꾸 바뀌는데다 이것을 반영해 주게 되면 MRP시스템이 엉망이 되기 때문이다.

이 회사의 작업장은 효율성을 극대화하기 위해 무조건 뱃취(일괄처리) 스타일로 작업하도록 되어 있다. 예를 들어 모델 E를 10대 용접하면 그 다음에는 모델 T를 15대 용접한다. 이런 방법으로 생산준비회수를 줄이고 각 작업장의 여유·유휴시간을 최소화하고 작업자의 고효율 유지에 많은 노력을 기울이고 있다. 각 작업장별로 모두 뱃취로 처리된다. 이 결과 각 배취는 각 작업장 앞에서 매우 긴 시간을 기다린 다음에야 차례가 온다. 이처럼 리드타임이 길어지니까 영업팀들은 꾀를 내었다. 실제 주문을 받기도 전에 대강 생각하여 적당한 사양을 부쳐 주문을 낸다. 그후 실제 주문이 들어오면 사양이나 모델 자체를 바꾸는 것이다. 그러나 이런 짓은 결국 생산의 지연을 가져오고 경우에 따라서는 이미 만든 것을 거의 버리다시피 하곤 했다. 물론 납기를 못 지킨 경우도 있다.

결국 공장은 두 개의 엉뚱한 시스템이 서로 갈등을 불러일으키면서 문제를 야기시켰다. 하나는 판매예측에 의한 MPS와 MRP시스템, 또 하나는 고객의 요구조건을 반영해주기 위해 계속 바꾸어가는 마케팅의 요구가 서로 갈등을 불러일으켰다. 결국 후자의 요구는 주문관리부서에서 결사적으로 새치기를 하기에 이르렀다. 즉 긴급한 주문 하나를 각 작업장별로 돌며 모든 다른 작업에 앞서 처리하는 방식이다. 무엇을 작업하고 있던 관계없이 끌어내리고 그 작업을 처리한다. 이런 경우 4주면 모든 작업이 끝나기도 한다. 그러나 이런 일이 반복되면 모든 스케줄은 엉망이 되고 만다.

이런 식의 운영은 제품개발 및 디자인 부서에까지 흘러 들어와 오염시켰다. 새로운 디자인을 만들기 위해서는 마케팅 요원, 엔지니어, 구매관계자, 생산계획담당자 등이 필요하다. 마케팅이 고객의 니즈를 확정하고(가령 시간당 40개의 4,000파운드짜리 팔레트를 포장할 수 있어야 하고 작업장면적은 10평을 넘어서는 안된다. 원가는 파레트당 50센트 이하여야 한다는 등) 그리고 나면 엔지니어팀장이 이런 니즈를 엔지어링 스펙으로 바꾼다. (가령 턴테이블은 4,000파운드를 견디어야 하고 모터는 X마력에 초당 Y번 회전할 수 있어야 한다. 콘트롤시스템은 포장과정을 자동으로 제어할 수 있어야 한다는 등) 그 다음에는 기계파트를 담당하는 엔지니어가 회전하는 기계파트를 디자인한다. 즉, 롤카트리지와 턴테이블을 디자인한다. 또 다른 기계파트 담당엔지니어가 가공도구(fabrication tools)를 디자인한다. 이런 디자인이 확정되면 생산계획

부서의 엔지니어가 등장하여 각 작업공정별로 하나하나 어떻게 처리할 것인가를 생각해낸다.

엔지어링부서는 매우 큰 조직이다. 각 엔지니어링 단계별로 수차례 왕복하면서 수정해야 할 일들이 많기 때문이다. 예를 들어 부품 A를 끼어 넣을 공간이 없으면 이 부분을 다시 설계해 달라고 앞 팀으로 보낸다. 이 경우 즉시 시정해 주지 못하고 어느 정도 순서가 될 때까지 기다린다. 경우에 따라서는 자기가 아예 그 부분을 재설계하고 앞 팀으로는 되돌려 보내지도 않는다. 시간이 걸릴 것이 뻔하고 서로 귀찮기 때문이다. 개발부의 엔지니어들 역시 해야할 일들이 밀려있기 때문에 급한 주문은 새치기책임자가 등장하여 무자비하게 순서를 바꾸어 갈 수밖에 없다. 설비 개량과 같은 일은 무려 6개월 가까이 걸리고 신제품개발은 1년 이상 걸리지만 실제 소요된 시간은 전자가 2-3주, 후자가 3개월 정도이다.

이 회사의 3대 프로세스인 새로운 디자인의 개발, 무엇을 만들가에 대한 정보의 관리, 물리적인 포장기계의 생산은 모두 배취식으로 운영되고 있었지만 지금까지는 별 문제없이 잘 이끌어왔다. 그러던 어느 날 포장기계에 대한 특허권 사용기간도 끝나고 유사품들이 등장하면서 가격은 폭락하기 시작했다. 물론 시장점유율, 매출액, 이익은 폭락했다. 그래서 TQM도 해보고 팀제도 도입해 보았지만 생산과정은 여전히 엉망이었다. 리드타임 문제를 놓고 게임을 하고 있었다. 이번에는 주요 부품에 대한 충분한 재고를 확보하여 리드타임을 줄이고자 했다. 물론 리드타임은 16주에서 4주로 떨어졌지만 문제는 원가였다. 계속되는 사양 수정을 반영해주기 위해서는 만들어놓은 부품만으로는 충분하지 않았다. 결국 재고로 보관해야 할 재고의 양은 급증할 수밖에 없었고 새 창고를 찾는 어려움을 겪게 되었다. 부품 1개 때문에 완성을 못하는 경우도 발생했다.

그래서 이번에는 90년대에 등장한 차세대 MRP인 ERP(enterprise resource planning)시스템을 이용해 보았다. 모든 작업자들이 하나의 DB에 접촉하여 생산중인 포장기계에 대한 진척상황을 알 수 있었고 한 작업이 완료될 때마다 직접 데이터를 입력하면 되었다. 각자는 PC에서 작업지시서를 출력받고 모든 정보를 즉시 알아볼 수 있는 체제를 갖추었다. 그러나 이 역시 작업자들이 모든 자료를 입력하지 않고 또 입력의 실수를 범하는 바람에 점점 출력자료의 가치가 떨어지기 시작했다. 수많은 수정과 입력으로 컴퓨터의 용량은 부족하게 되었고 결국 새로운 컴퓨터의 구입을 요청받게 되었다. 91년 처음으로 가격할인에도 불구하고 주문량이 떨어지기 시작했고 계속적으로 변하는 수요패턴에 생산부문은 제대로 대응하기가 거의 불가능한 상태에 이르게 되었다. 그리하여 마침내 생산시스템의 밑그림부터 다시 그리는 대 역사가 시작하였다. 리드타임 축소 전략을 도입한 것이다.

생산현장의 리드타임 축소

A사는 우선 4가지 타입의 포장기계별로 셀을 구축하는 것으로부터 개혁을 시작하였다. 각 기계별로 필요한 설비를 갖추고 연속흐름의 체제를 구축하였다. 1주만에 〈도표 11-4〉와 같은 새로운 레이아웃을 제시했다. 물론 도색공정은 네 개의 셀이 공유할 수밖에 없지만 그 다음 공정인 조립공정에서는 다시 연속적인 흐름생산을 유지하도록 했다. 테스트와 포장공정도 셀안에 같이 집어넣어 작업팀이 하도록 했다.

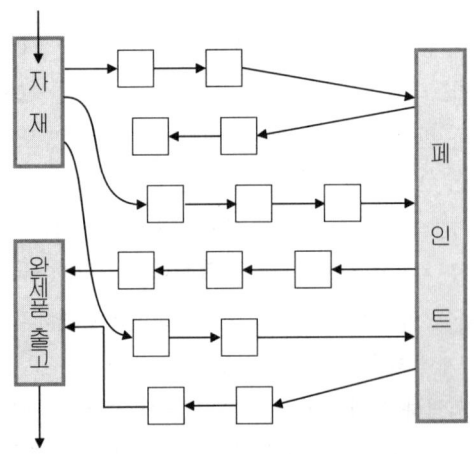

〈도표 11-4〉 새로운 생산공정 레이아웃

우선 매일 아침 절단공정의 작업자가 새로운 포장기계의 생산을 시작한다. 1시간 뒤에 그 포장기계에 필요한 모든 프레임 파트가 준비 완료된다. 1미터 옆에 떨어진 가공룸에서 작업이 완료되면 1.2미터 떨어진 용접팀이 작업한다. 시작 후 14시간만에 완제품이 출고준비를 갖춘다.

이런 혁신을 위해 어떻게 작업을 할 것인지, 또 어떻게 함께 할 것인지를 고안했다. 모든 작업들이 서로 연결되어 있었기 때문에 여기에는 버퍼가 없었다. 모든 구성원들이 첫 번에 제대로 하는 것을 당연한 것으로 여기기 시작했다. 결국 모든 셀구성원이 모두 일을 하거나 또는 아예 놀거나 둘 중의 하나였다. 그뿐만 아니라 실제 주문이 들어 온 것만 생산했기 때문에 리드타임은 16주에서 14시간으로 떨어졌다. 덕분에 쓸데없이 주문 들어 올 것을 대비해서 주문을 내는 일도 없어졌다. 14시간이면 충분했기 때문이다.

이와 같은 혁신과정에서 사이클시간이라는 개념은 매우 중요한 역할을 했다. 가령 현재 작업장에 내려온 주문이 현재의 처리능력을 다 필요로 하지 않으면 기계의 가공속도를 늦추고 셀내의 다기능공들이 여러 다른 일들을 동시에 처리하도록 하였다. 물론 남은 사람들은 셀밖에서 다른 일을 처리하도록 하였다. 노는 꼴이 보기 싫다고 당장 쓸데도 없는 재고를 만들어 놓을 필요가 없도록 했다. 이 외에도 많은 치공구들을 효율적으로 사용할 수 있도록 개선하고 새로운 공구도 많이 만들었으며 가급적 셀 공간내에 모두 보관할 수 있도록 크기도 줄였다. 그리고 신속하게 생산전환할 수 있는 방법을 연구하기 시작했다. 유휴시간을 줄이는 가장 좋은 방법이었기 때문이었다.

셀의 도입초기에는 많은 작업자들이 당황해 했다. 그동안 가졌던 전문가로서의 자부심도 다소 손상되고 이전에 즐기던 새치기, 불끄기, 위기의식 조장과 같은 재미있는 일도 없어졌기 때문이다. 또 맞지 않는 부품들을 나름대로 고쳐쓰던 재미도 사라지게 되었다. 이전에는 이런 것을 잘해야 능력있는 조장으로 인정받았다. 작업자들 입장에서는 흥미있는 일거리가 하나 준 것이다. 그 대신 다기능공이 되기 위해 많은 추가적인 훈련을 받고 새로운 기술을 익혀야 했다.

모든 일들은 표준화되고 사이클시간의 개념도 도입되었다. 한번에 한 대의 기계를 생산하고 사이클시간 수치가 부착되어 일이 진행되도록 했다. 미리 짐작하여 일을 시작하지도 못하게 했다. 마침내 셀 시스템으로의 전환이 이루어지고 새로운 시대가 열리자 갑자기 아무 것도 진행되지 않았다. 이전에 엄청난 재고에 묻혀 있었던 문제점들, 그리고 엉성한 작업관행으로 인한 여러 문제들이 갑자기 밖으로 드러나기 시작했기 때문이었다. 어떤 처리공정은 표준작업차트에서 빠져 있었고 치공구의 엉성한 관리로 셀의 운영을 자주 중단시키기도 했다. 셀로의 부품공급도 별로 신뢰하기 힘들었으며 전체적으로 너무 새로운 아이디어를 밀어 부치는 것이 아니냐는 생각이 팽배했다.

그러나 사장과 추진팀은 계속 밀어 부치며 문제점을 고쳐나갔다. 마침내 시작한 지 5개월이 지나 완전하게 싱글피스(single-piece)생산이 이루어졌다. 종업원수는 변화가 없었지만 생산량은 배로 늘어났고 공장의 공간은 오히려 30%나 여유공간이 생겨났다. 불량률 수치도 대당 8에서 0.8로 줄어들었고 리드타임은 16주에서 14시간, 고객이 원하는 날에 납품하는 비율도 20%에서 90%로 증가했다.

린생산으로 갑자기 자리가 없어진 종업원들은 다른 활동의 개선팀으로 영입했다. 각 셀에서 가장 우수한 사람들만을 개선팀으로 구성함으로써 이런 영입이 해고를 위한 중간단계가 아니라 오히려 우수성에 대한 인정임을 깨닫게 했다. 셀내의 모든 근로자들이 다기능공으로 우수한 기술을 보유할 수밖에 없게되면서 급여도 시간당 20% 정도 올랐다. 그렇지만 이전에 비해 기계 1대당 노동시간 투입량이 반으로 줄어들었기 때문에 급여 인상은 별 문제가 되지 못했다.

사무실의 리드타임 축소

일단 생산부문의 셀시스템이 안정되자 이번에는 주문을 처리하는 사무실로 방향을 돌렸다. 생산이 14시간 걸리는 데 주문의 접수와 처리에 3주가 걸린다는 것은 말이 안된다는 것이다. 일단 작업장에 생산지시가 떨어지면 4일이면 출고완료가 된다. 그러나 구매자의 신용체크가 그때서야 완료되어 경우에 따라서는 신용불량으로 생산완료한 기계를 출고하지 못하기도 한다. 사무실도

개선팀을 구성하여 각 프로세스를 분석하여 낭비를 불러일으키는 일들을 찾아
내기 시작했다. 우선 대개의 포장기계에 대해 고정된 가격을 부착하여(특별히
주문한 것들만을 제외) 신속히 가격을 제시하게 하였고 오더 그 자체를 2일만
에 생산계획에 반영하도록 했다. 더욱이 MRP를 토대로 한 복잡한 스케줄링시
스템의 사용을 중지시켰다. MRP는 협력업체로부터의 자재주문용으로 제한하
고 매일매일의 스케줄은 화이트보드에 손으로 써서 진행시키기로 했다. 각 셀
별로 3일에서 2주 정도의 스케줄이 잡혀 있었다. 확정된 주문 외에는 미리 짐
작하여 생산을 개시하지는 않았다. 매일 저녁에 이 스케줄을 작업셀에 전달해
주는 것으로 일이 마무리된다.

한편 생산해야 할 포장기계별로 주문자의 이름과 납기가 부착된다. 대량생
산 품목은 대개 2일, 소량 대형기계는 10일 정도 후의 납기가 부착되어 있다.
기존의 MIS부서는 폐지되었다. 거의 모든 생산에 관한 정보는 물리적인 제품
의 흐름과 같이 가기 때문에 별도의 데이터를 수집하고 보존할 일이 필요없게
되었기 때문이다.

이런 변화를 모르는 어떤 고객들은 이전처럼 미리 생산시간을 확보하기 위
해 대강의 사양을 정하여 필요시점보다 매우 일찍 주문을 내기도 했다. 당연
히 납기를 지키지 못할 것으로 예상했는 데 갑자기 제시간에 기계를 공급하게
되니까 오히려 쓸 용도를 정하지 못해 우왕좌왕 하기도 했다.

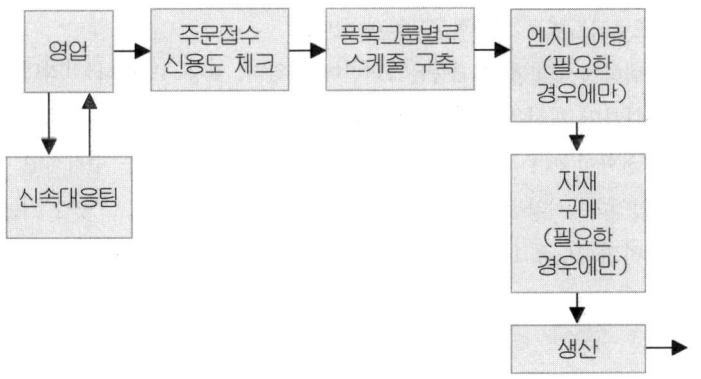

〈도표 11-5〉 주문처리의 프로세스

제품개발프로세스의 리드타임 축소

제품개발과정 역시 주문과 생산처럼 싱글피스 개발체제로 전환시키기로 했다. 이전에도 디자인별로 팀리더를 중심으로 개발하고자 노력했다. 그렇지만 팀 구성원들이 나름대로 해야 할 일들이 많아 우선순위가 팀구성원별로 일치하지 않았고 팀리더는 새치기 책임자가 되어버리고 말았다. 책임지는 사람은 있었지만 아무도 전체를 이끌어 나갈 수가 없었다. 팀이라는 이름만 있을 뿐이었다.

그래서 이번에는 분기(연간)별로 회의를 열어 프로젝트별로 개발의 우선순위를 같이 결정하기로 했다. 그리고는 2개의 가장 긴급한 프로젝트에 팀으로 구성된 전문가들을 배정해 그 일이 끝나기 전에는 다른 일에 절대 손을 대지 못하게 했다. 개발팀은 마케팅, 기계공학엔지니어, 전기기술자, 제조기술자, 구매, 생산부문의 개선팀에서 착출된 전문가들로 구성되었다. 이들은 같은 사무실을 쓰면서 이 일에만 전념하도록 하였으며 그 외 자질구레한 일들은 모두 중지시켰다. 물론 이런 전용 개발팀의 구축에 반대하는 이도 있었다. 팀구성원간에 작업시간의 불균형이 발생하기도 했고 전문가의 수도 모자라는 듯 했기 때문이다. 그래서 이들 멤버들에게 자신들이 그동안 해왔던 일의 범위를 조금씩 넓혀서 서로 하는 일이 다소간 중복되게 하였다. 인접 부문의 기술을 조금씩 익혀서 서로 도울 수 있게 함으로써 구성원간의 일의 불균형을 해소시키고자 했다. 두번째는 미리 개발계획을 구축하여 매우 필요한 전문가를 시간에 따라 프로젝트별로 이동할 수 있게 했다.

이 시스템하에서의 첫 신제품은 1년만에 나왔다. 보통 4년이나 걸리던 것이었다. 또 디자인 개선을 위해 공정간에 왔다 갔다 하던 일도 사라져서 생산과정으로의 전환이 매우 원활해졌다. 그러나 자동화라든가 하는 추가적인 투자는 전혀 없었다. 시장점유율도 다시 50% 이상으로 상승했다. 그동안 거둔 결실을 정리하면 〈도표 11-6〉과 같았다.

	1991년	1995년
완제품 기계 1대당 불량 및 흠집수	8	0.8
완제품 기계 1대당 투입노동시간	160시간	80시간
제품개발 리드타임	3-4년	1년
기계 1대당 공간소요량	100 제곱피트	55 제곱피트
평균재고량	2.6백만불	1.9백만불
생산리드타임	16주	14시간-5일
총 리드타임	4-20주	1-4주

〈도표 11-6〉 혁신의 결과

2. 둘째 사례 - 보일러 제조업체 C사

배경

보일러와 라디에이터를 생산하는 일본의 C사는 100년의 역사를 자랑하는 중견기업이다. 그러나 기업들의 확장전략이 중단되고 구조조정을 해야 할 처지에 놓인 기업들이 많아지면서 갑자기 수요가 급감하기 시작했다. 그런데다가 히팅(heating)시스템 역시 점점 더 새로운 기술이 개발되기 시작하면서 어려움이 더해지기 시작했다. 이 회사 역시 다른 회사들과 마찬가지로 우선 핵심 부동산을 매각하고 교외의 땅값이 싼 곳을 찾아 현대적인 공장을 건설하여 모든 설비를 이전하였다. 그리고 미국으로의 수출계획도 구상하기 시작했다.

그렇지만 사정은 별로 나아지지 않았다. 새로운 공장으로 이전은 했지만 생산체제는 이전과 전혀 변한 것이 없었다. 생산공정은 주조(casting), 세척, 절단(stamping), 용접, 도색, 조립 등의 공정이 뱃춰로 이루어지며 각 작업장에서의 대기시간은 당연히 매우 길다. 그리고 품목이나 치공구를 교체할 때마다 상당한 시간을 잡아먹었다. 그 결과 각 작업장에서는 한 번에 많은 물량을 생산했고 이로 인해 생산이 끝나면 일단 창고에 보관한 다음 그 다음 공정에서 필요할 때 꺼내 쓰곤 하였다. 주문이 들어오면 몇 주일씩 걸리기 일쑤였고 어떤 주문이 어느 정도 처리되어 가고 있는지 파악하느라 분주했다. 당연히 원가는 높을 수 밖에 없었다.

전문가의 영입

마침내 외부 전문가를 모셔 왔다. 그는 일회 생산량의 크기를 대폭 줄이고 다음 공정에서 필요한 양만큼만 생산하도록 함으로써 3,4개월 쓸 수 있을 정도의 재고가 3,4일분 정도로 줄어들고 고객 주문의 충족에 소요되는 시간도 이전에 비해 대폭 줄어들 것으로 판단했다. 당연히 노동생산성은 배 이상 증가할 것이고 공장의 소요공간도 반 이상 줄 것으로 보았다. 이런 성과를 올리는 데 자본투자는 전혀 필요하지 않을 것으로 보였다.

그러나 C사의 종업원들은 당연히 이런 이야기를 믿을 수 없었다. 수십년간 해온 관행을 일시에 바꾸면서 그런 성과를 올릴 수 있으리라고는 생각할 수 없었기 때문이다. 이들 생각으로는 단지 지금보다 더 열심히 일하는 것만이 성과를 올릴 수 있는 유일한 방법이다. 생산관리부서나 지원부서의 의견도 이들과 별로 다르지 않았다. 이 컨설턴트가 제시하는 방법은 소수품목을 대량으로 생산하는 공장에나 적용되지 이 회사처럼 주문에 의한 소량생산을 위주로 하는 공장에는 적합하지 않을 것으로 보았다.

좌우지간에 이들 컨설팅팀은 사장의 지원하에 생산현장의 혁신에 나섰다. 우선 코일생산 및 조립공정을 뱃춰에서 싱글피스 흐름라인으로 고쳐나갔다. 파이프 절단, 핀프레스(pin-press), 익스팬션, 세척, brazing, 틈새 테스트, 최종조립과 같이 여러 공정으로 구성된 생산시스템을 셀형태로 재구축하였다. 고속기계는 셀에서 사용하기 어려웠기 때문에 자체적으로 설계·생산하여 대체함으로써 셀에서 한 종류의 코일작업을 하다가 다른 종류의 디자인을 처리하더라도 준비시간이 몇 분정도 밖에 걸리지 않게 되었다. 셀에서의 완성품은 최종조립트랙으로 바로 투입되었다.

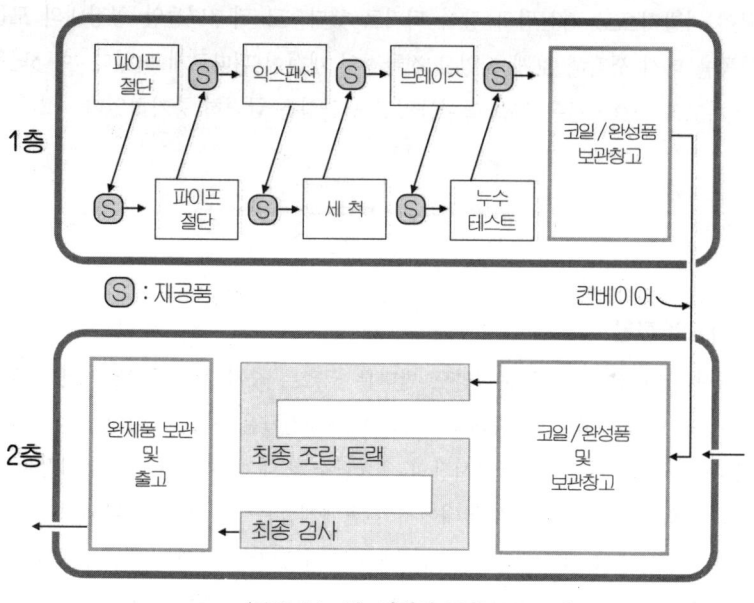

〈도표 11-7〉 이전의 모습

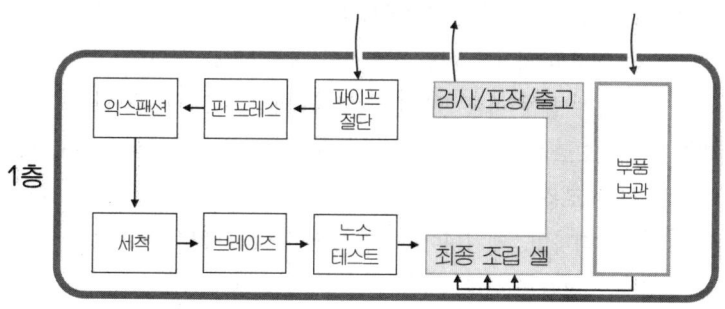

〈도표 11-8〉 변화된 모습

많은 종업원들이 반대했지만 1주일만에 이 일들이 다 끝났다. 그 결과 소요 공간은 50%가 줄어 들었고, 재공품은 95%가 축소되었으며 코일의 생산리드타임은 95%가 줄어들었다. 한 마디로 믿을 수 없는 결과가 도출된 것이다. 그렇지만 투자한 돈은 얼마 되지 않았다.

지난 10여년간 생산성 증가는 거의 못했던 C사로서는 엄청난 결과였다. 마침내 모든 종업원들이 스스로 개혁에 동참하게 되었고 가장 반대가 심했던 임원이 자발적으로 혁신팀의 장이 되기로 했다. 그 뒤 3년동안 공장내의 모든 활동을 다시 생각해 보게 되었고 적극적인 개선이 뒤따르게 되었다. 이 3년동안 재고와 소요공간은 75% 줄어들었고 생산성은 급격히 증가하였다.

사고의 전환

생산시스템은 어떤 주문이라도 별다른 코스트 증가 없이도 4일이면 처리할 수 있을 만큼 신축성이 증대되었지만 마케팅전략은 여전히 이런 핵심역량을 제대로 써먹지 못했다. 국내시장의 수요감소를 대체하기 위해 미국시장을 공략하고 있었지만 문제는 미국내에서의 판매제품은 상당히 표준화되어 있으며 그나마 주문에서 시작하여 소비자에게 제품이 도착하는 데는 평균 3개월이 걸릴 정도로 유통시스템(distribution line)이 비효율적이었다. 이런 환경에서는 생산프로세스의 리드타임 축소나 신축성이 별 의미가 없어져 버린다. 더구나 대부분의 주문제품이 표준화된 것이어서 어려움은 더했다.

그리하여 이 회사의 사장은 이런 신축적인 대응능력을 최대한 살릴 수 있는 시장에로의 진입과 함께 이를 뒷받침할 조직체계를 새로 구성하였다. 기존의 생산라인을 중심으로 하나의 제품그룹팀을 구축하고 여기에 서로 다른 시장과 제품을 겨냥한 새로운 제품그룹팀을 몇 개 더 만들었다. 각 제품그룹팀은 독립적인 마케팅, 디자인, 엔지니어링 및 생산시스템을 보유하고 기존 공장의 일부를 임대하는 형식을 취하게 되었다. 대부분의 종업원들이 이 제품그룹팀에 배정되고 소수의 인원만이 중앙부서의 스탭으로 남게 되었다. 결국 각 품목그룹별로 독립채산제를 도입한 것과 같은 효과를 거두게 되었다. 각 그룹은 신제품 개발에 더욱 노력하게 되었고 그 뒤 3, 4년 사이에 반 이상의 제품이 교체되었다.

주문처리 방식의 혁신

드디어 거의 모든 제품들은 주문 뒤 4일이내에 공급할 수 있게 되었다. 그러나 여전히 주문을 한달 전에 받아 오는 관행을 버리지 못했다. 한달 전에 생산에 들어가지만 주문자의 빈번한 디자인 수정으로 인해 실제 생산은 지지부진한 경우가 많았다. 그래서 주문의 접수와 처리를 각 제품그룹팀의 마케팅담당자에게 맡기고 생산리드타임이 4일이라는 사실을 고객들에게 확실히 주지시키도록 했다. 필요한 시점에서 4일전에 주문하면 디자인 변경이나 소요자재의 변경이 발생하지 않기 때문이다. 즉 고객입장에서 정확한 스펙이 확정되기도 전에 미리 주문을 내지 말라는 것이다. 그뿐만 아니라 누구나가 주문의 처리상황을 알아 볼 수 있도록 스케줄링 시스템을 개방하였다. 스케줄을 고칠 수는 없지만 처리상황의 체크는 누구나 가능하도록 했다.

찾아보기